풍경을 그리다

서승연 수필집

풍경을 그리다

서승연 수필집

1판 1쇄 인쇄/ 2019년 10월 10일
1판 1쇄 발행/ 2019년 10월 15일

지은이 / 서 승 연
펴낸이 / 우 희 정
펴낸곳 / 도서출판 소소리

등록 / 제300-2007-21호
주소 / 03073 서울 종로구 성균관로 5길 39-16
전화 / 765-5663, 010-4265-5663
e-mail: sosori39@hanmail.net
www.sosori.net

값 12,000 원

ISBN 979-11-5891-128-7 03810

서승연 수필집

풍경을 그리다

책을 내면서

여전히 꽃은 피고 지고

어느새 또 봄이 왔다 갔습니다. 꽃잎이 분분히 날리는 것을 바라보며 오랫동안 망설였습니다.

처음에는 글을 쓸 수 있다는 것을 감사했는데 지금은 과연 왜 쓰는지 의문이 들기도 합니다. 그 허무함을 알면서도 책상에 앉아 있는 나를 발견합니다.

제 글을 읽고 격려를 아끼지 않던 1호 팬은 남편이었습니다. 별스럽지 않은 글을 읽고도 엄지 척을 아끼지 않았습니다. 그는 빨리 책을 묶어야 한다며 이상할 정도로 재촉을 했습니다. 이번에 모은 원고는 이미 2017년에 준비되어 있었습니다. 다 팔아주겠으니 걱정하지 말라고도 했지만 그해 8월에 갑자기 떠났습니다. 실제로 두 번째 수필집 『바람이 머문 자리』도 소비는 남편이 해주었습니다. 저녁이면 집에 와서 누가 몇 권을 사갔다며 책 대금을 호기롭게 건네주었지요. 물론 의기소침한 저를 위로

하기 위해서라는 것을 잘 알고 있었습니다. 아마 그 힘으로 여기까지 오지 않았나 싶습니다.

세상은 누가 가든 오든 잘 흘러갑니다. 그만큼의 질량은 채워지고 여전히 꽃은 피고 지며 바람은 살랑입니다.

마음에 흡족한 글 한 편이 나오기를 여태 기다렸지만 이제 그 욕심도 내려놓았습니다. 제 글을 읽고 어느 한 부분에서라도 고개가 끄덕여지고 미소 지을 수 있다면 그것으로 충분합니다.

어떻게 살았는지 온통 세상에 대한 미안함뿐입니다. 자식들에게도 부족한 엄마고, 가신 그분에게도 미안합니다. 제 주변의 문우들과 소소리 우희정 선생님께 감사드리며, 먼 길 떠난 남편에게 이 책을 올립니다.

2019년 초가을

저자 서승연

▸차 례
▸책을 내면서

1. 괜한 트집

뿐이라는 말 —·13
잠자리 —·17
종로5가 —·22
욕심 —·26
관상 —·30
울타리 —·35
괜한 트집 —·39
시월 어느 날 —·44
환(幻) —·47
그들의 차이 —·51
그래서 —·55
그 산길을 오르며 —·60
풍경 지우기 —·64
나비야 —·68

2. 다행이다

봄날의 남과 여 —· 73

낭만에 대하여 —· 78

다행이다 —· 81

노점상 그 여자 —· 85

다정도 병이네 —· 90

나그네들 —· 95

해운대 그 집 —· 99

그 아버지의 딸 —· 104

쑤지 —· 108

배냇저고리 —· 113

봄과 향숙이 —· 117

한바탕, 꿈 —· 121

빈집 —· 125

사랑, 그 명암 —· 129

3. 야생의 습관

하루살이 —· 135
의자는 그대로인데 —· 138
섬백리향 —· 141
디어 마이 프렌즈 —· 146
세상에 이런 일이 —· 150
다 한때 —· 153
수절이라는 단어 —· 157
쌀밥 —· 161
아랫집 할머니 —· 165
야생의 습관 —· 169
여련화 —· 174
이런 세상 —· 178
이어도 —· 184
집 떠나는 마음 —· 188

4. 흘러가네

잠 —· 193

저물녘 —· 197

젓갈 —· 201

짝 —· 205

흘러가네, 풍경 —· 209

호수 앞에 서서 —· 213

시베리아 횡단열차 —· 217

숙제 —· 221

행건 친다 —· 224

그것을 몰랐으니 —· 226

마음의 넓이 —· 230

작별 —· 235

사람의 길 —· 238

나의 글 스승님 —· 241

1.

괜한 트집

뿐이라는 말

계절이 바뀌면서 며칠 동안 몸이 아프다. 병원을 오가며 올려다보니 그 사이 나뭇잎들이 노랗게 변했다. 유난히 길고 숨막히던 여름은 어디로 가고 요술을 부린 듯 갑자기 가을이 찾아왔다. 하지만 가을은 늘 아쉬운 법, 채 물들지 않은 잎이 벌써 흩날린다. 붉고 노랗던 산야는 시간의 얼룩 암회색으로 변해가고 곱던 잎은 찌그러지고 구멍이 숭숭하다. 비를 만난 은행잎이 바람을 타고 쏟아지듯 내린다. 미화원 아저씨가 쓸어 담는 낙엽포대가 길옆에 쌓인다.

젊어 한때 모든 것이 신기하게만 보이던 세상은 이제 덤덤해졌다. 그저 무심히 아침을 맞고 저녁을 보낸다. 머리맡에 책이 있어도 읽게 되지 않고 좋은 풍경과 꽃을 보아도 예전 같은 감동이 없다. 흘러가는 시간이 아쉬워 못다 한 무엇이 남았을까 주변을 둘러본다. 분명 하루하루를 다그치듯 살았는데 돌아보면 뚜렷이 한 일이 없다. 무엇을 빠트렸나 찾지만 오리무중이다.

강을 바라보면 늘 똑같은 것 같지만 물은 어제의 그 물이 아니다. 그 강의 밑에는 지금 이순간도 삶과 죽음이 공존하고 결국 다시 물이 되고 생명이 되어 흘러간다. 나는 가끔 이런 생각을 한다. 존재한다고 믿으며 살고 있는 여기는 어디일까. 몸을 보물인 듯 끌어안고 먹고 배설하고 울고 웃으며 살고 있지만 삶의 끝자락은 하나같이 허무다. 주변의 친한 사람들도 낙엽 떨어지듯 사라져가고, 혹한의 겨울을 준비 없이 마주한 듯 마음이 바빠진다.

어느 스님에게 누군가 묻고 있었다. 살고 있는 여기는 어디이며, 어차피 갈 것인데, 왜 왔는지 몹시 궁금하다고 했다. 근원을 묻는 긴 질문에 비해 대답은 간단명료하다. 오지 않았다면 이런 세상이 있다는 것을 어찌 알고 보았겠는가. 부모님의 사랑 덕에 희로애락을 알았으니 그것만으로도 손해 본 것은 없다. 사는 것이 힘들다 해도 몸 하나하나의 기관이 천금의 값어치고 축복이다. 하지만 대개는 행복을 알지 못하고, 찾아 헤매다 끝난다고 말씀하셨다.

그리고 '뿐'이라는 단어를 강조한다. 사람은 보통 이 일을 하며 저 일을 생각하고 이 사람을 만나면서 마음은 벌써 다른 곳을 향해 있다. 숲속의 원숭이처럼 한시도 가만있지 못하고 뛰며 날아다닌다. 진실로 그 순간에 머물지 못하면 온전히 살고 있는 것이 아니라고 한다. 순간순간이 생의 마지막 날인 듯, 열심히 살고 모든 것에 감사하는 마음, 하지만 생애 중에 한번은 찾아 온다는 행복은 언제 왔다갔는지 나 역시 아직도 모른다.

뿐의 사전적인 의미는 다만, 오직, 어찌할 따름이나, 그러하다는 아리송한 풀이다. 하지만 바로 지금 여기에서 밥 먹을 뿐, 일할 뿐, 사랑할 뿐, 기뻐할 뿐, 그리고 때가 되면 죽을 뿐, 그렇게 설명하면 쉽게 이해된다. 마음은 번개 그림자 같아서 잡으려면 잡히지 않는다. 비유하자면 깜깜한 방에 갇혀 주변에 무엇이 있는지 몰라 두려움에 떨다가 반짝 불이 들어오는 순간 환하게 보이는, 하지만 그 밝음은 계속되기 어렵고, 또 다시 어둠이다.

한 달에 한번 만나 회포를 푸는 친구가 있다. 금요일 날 만나 같이 밥 먹으며 수다를 떨었는데 토요일 날 죽었다고 부고가 왔다. 우리 중에 얼굴이며 분위기가 젊어 예쁘다는 소리를 자주 듣던 친구다. 놀랍게도 하룻밤 사이에 장례식장에 환하게 웃는 사진이 걸려 있었다. 혹자는 편하게 가서 다행이라지만 한 생의 끝이 그래도 되는지, 살아낸 자리를 치우고 정리할 시간은 주어야지 하며, 투덜거려본다. 하지만 그런 일은 지금 순간도 도처에서 벌어진다. 아침에 멀쩡히 나갔던 가족이나 아이가 죽음으로 돌아와도 우리가 할 수 있는 것은 결국 받아들이는 것뿐이다.

불가에는 방하착(放下著)이라는 말이 있다. 탐내고 성내는 온갖 그 마음 내려놓으라는 말이다. 하지만 어떻게 해야 내려놓는지 알지 못한다. 좋다 나쁘다 하는 생각도 쓸데없다는 것은 안다. 만약 오늘밤 죽음이 찾아온다면 내일 걱정은 괜히 한 셈이다. 산다는 것은 들녘에 불고 있는 바람처럼 찾으려면 형체가 없다. 스쳐 지나는 현상들을 마음 없이 바라볼 수 있는 날이 언제쯤일지, 날리는 낙엽을 보며 '뿐'이라는 말을 중얼거린다.

(2014년)

잠자리

며칠 전까지만 해도 찌는 듯 더웠는데 어느새 공기의 느낌이 상큼합니다. 햇빛은 환하고 바람은 더없이 부드러워요. 탄천 옆을 천천히 걸으니 꽃과 풀들이 각자의 색깔로 팔을 흔드네요. 바다 속 같은 하늘을 올려다보는 순간 어디서 왔는지 잠자리 한 마리가 내 무명지손가락에 내려앉았어요. 무심히 걷다 좀 놀랐지만 그의 깜짝 출연이 반갑네요. 존재하는 수많은 생명 중에서 하필 나에게 온 작은 고추잠자리, 하늘이 너무 넓어 두려웠을까요. 아니면 작은 모시날개가 무거웠을까요. 또 내가 저를 해치지 않는다는 것을 어떻게 알았을까요. 그도 아니면 억겁의 생 속에 잠깐의 인연이었을까요.

놀라 날아갈세라 조심조심 의자에 앉았어요. 잠자리는 손가락 위에서 편안한 듯 움직이지 않네요. 나는 그를 지그시 바라보았어요. 누가 어떻게 빚어 만들었는지 허공을 유영하기에 날렵한 몸매를 지녔어요. 땅에서 한 뼘도 떨어질 수 없는 내 무거운 몸이 보기에 부럽고 경이롭네요. 둘은 처음 만났지만 경계심이 없어요. 서로에게 해를 끼치지 않을 거라는 믿음이 있어요. 아름다운 장미도 가시가 있는데 그는 독침도 날카로운 이빨도 발톱도 없어요. 살아가는데 필요한 무엇 한 가지도 없는 존재. 세상귀퉁이 어디쯤에서 숨죽이며 살아온 내 모습과 닮았네요.

가을을 바라보면서도 내 마음은 먹구름 속에 있어요. 방금 만난 잠자리와는 간격이 없는데 사람의 속마음은 알 수 없어요. 이웃과의 소통은 멀어지고 세상은 빠르게 변해요. 상처 받을까, 피해를 입을까, 여간 친하지 않고는 속내를 보이지 않는답니다. 그러기에 열 길 물속은 알아도 한 길 사람 속을 모른다 하잖아요. 서로를 알고 싶고 친하고 싶지만 깊이를 모르겠어요. 격의 없이 지내던 친구도 말 한마디에 멀어지고, 오랫동안 알던 이웃도 지나고 보니 아는 것이 없었어요. 사는 것이 힘겹다기에 잘난 척 위로의 말도 해주었지요. 돈 쓸 일이 있으면 대신 쓰고 내 차에 태워 여러 곳도 다녔어요. 그런데 알고 보니 그는 비교가 안 되는 알부자였어요. 속으로 나를 물색 모르는 인간으로 여겼을까요.

오늘아침 뉴스에도 차마 듣기 거북한 말들이 TV를 점령했어요. 어린이 성폭행이니 무차별 살인이니 하는 언어들이 세상을 다 채운 것 같아요. 인간 언어가 그것이 전부인 것처럼 들려요. 예전에는 맹수가 가장 무서운 천적이었는데 이제는 마주치는 사람이 무섭다고들 하네요. 바다는 배로 건너면 되고 산과 산은 구름다리로 건너면 되는데 너와 나의 간격은 닿을 수 없는 먼 거리네요.

처음 만난 잠자리에게 속내를 토해놓았어요. 쌓인 아픔과 슬픔과 분노를 투정하듯 중얼거렸지요. 서로의 더듬이를 맞대고 몰입하여 감정을 주고받았어요. 그는 자는 듯 담담히 들어주었고 나는 더 이상 원하는 것이 없어졌어요. 이 가을 처음으로 내게 와준 잠자리. 작은 생명의 위로를 염치없이 받고 말았어요. 생의 길고 긴 터널 어디쯤에 와 있는데 아직도 숨이 차고 힘들어요. 자연 속의 생명은 서로 다투지 않습니다. 크면 큰 대로 굽으면 굽은 대로 서로를 인정하며 조화롭게 살아요. 너 어느 학교 나왔느냐, 배경은 무엇이냐, 왜 그렇게 잘나고 못났느냐 따지고 묻지 않아요. 어떤 모습으로 어떻게 살던 모두 존귀한 존재로 받아들여요.

눈을 드니 하얀 구름이 떠다니네요. 혼자서 산이다, 양이다 이름을 지어주다 문득 부질없음에 웃음이 납니다. 그냥 바라보면 편한데 아직도 알 수 없는 끈에 매달려 있어요. 이제 곧 떠날 잠자리를 위해 무언가를 해주고 싶어요. 한참을 생각하다 노래를 부르기로 했어요. 제대로 아는 가사는 없지만 어여쁜 잠자리에게 해줄 수 있는 일이 그것뿐이네요.

“두둥실 두리둥실 배 떠나간다/ 물 맑은 봄 바다에 배 떠나간다/ 이 배는 달 맞으러 강릉 가는 배/ 어기야 디어 라차 노를 저어라/ 순풍에 돛달고서 어서 떠나자/ 서산에 해지며는 달떠온단다.”

왜인지 모르지만 늘 이 노래를 입속으로 흥얼거려요. 중학교 때 배운 ‘사공의 노래’인데 부르다 보면 어린 날 풍경 속으로 돌아갑니다. 친구들과 쑥을 캐고 조개를 잡고 배를 타던 순간과 합일되면 이상하게도 행복한 느낌이 들어요. 노래는 모든 것과 통한대요. 잠자리에게 해 줄 수 있는 일이 어설픈 노래 하나뿐이라 미안하네요.

한때는 여기가 어딜까, 왜 여기 있는지 궁금한 것투성이였는데 이제 그 물음은 사라졌어요. 이곳은 간이역입니다. 우연히 내린 역의 풍경, 달과 별과 물과 생명, 모든 것이 완벽합니다. 기쁨과 슬픔은 늘 공존하지만 결국은 행복을 안겨주는 곳, 때로는 낯설고 두렵지만 보고 배우고 나눌 수 있는 준비된 곳입니다. 그동안 늘 투덜거렸지요. 마치 투덜이 스머프 같았어요. 내게는 왜 그리 인색하냐며 종주먹을 들이댔어요. 작은 간장종지를 안고서 한 바가지 축복을 바랐으니, 넘치도록 주어도 간수할

그릇이 없다는 것을 몰랐어요.

잠자리를 보내줄 때가 되었네요. 무명지를 약간 흔드니 그는 내 머리로 옮겨 앉았어요. 못다 한 미련이 남지만 사는 곳이 다르니 헤어져야겠지요. 부디 주어진 한살이를 잘 마치기를 빌면서 모시날개 어디쯤에 오늘 만남을 기억으로 새겼으면 해요. 언제 어디서 무엇이 되어 만날지, 우리는 또 다른 간이역에서 만나겠지요.

(2012년)

종로5가

3월 중순, 며칠째 꽃샘바람이 불고 있다. 내 마음속에도 바람이 부는지 방향을 정하지 않고 집을 나섰다. 고속터미널을 지날 즈음 옆의 여자노인이 종로5가를 어떻게 가느냐고 물었다. 나는 잘 모른다고 대답했고, 앞에 서 있던 남자가 어느 역에서 내려 갈아타라며 자상하게 일러준다. 그래서 옆자리의 할머니를 따라 나도 5가에서 내렸다.

땅 위로 오르자 황사에 섞여 봄내음이 풍겨온다. 작은 꽃과 묘목들을 팔고 있는 가게들이 늘어서있다. 보령약국이 보이고, 그리고 그동안 까맣게 잊고 있었던 기억들이 하나둘 어딘가에서 성큼성큼 걸어 나왔다. 종로5가는 젊은 날 하루가 멀다 하고 드나들던 곳이었다. 40년 전의 이곳은 한약재료상들이 많았다. 큰길가는 물론이고 뒤쪽 골목에도 같은 종목이 모여 있었다. 쓰러질 듯 오래되고 낡은 가게에는 온갖 약재들이 천장까지 쌓여있고 약을 짓고 싸고 달이는 냄새로 북적였다.

5가를 드나들기 시작한 것은 남편이 한의대 학생인 것을 아는 이웃들이 필요한 약재를 부탁하면서부터다. 가난한 학생 부부가 많은 식구를 모시고 사는 것이 걱정이라며 동네 아주머니들은 자기 일처럼 걱정 해주었다. 그들이 십시일반 돈을 빌려주어 학교 옆에 집을 사고 하숙을 치며 생계를 꾸려갈 때였다.

참 이상한 것은 아침이면 누군가 문을 열고 들어와 몸이 아프니 한약을 좀 사다달라는 부탁을 했다. 보험도 없고 어렵고 가난할 때니 주로 민간요법으로 병을 다스렸다. 그러면 남편에게 처방을 얻어 종로5가로 갔다. 처음에는 담보도 없이 돈을 빌려준 이웃들에게 보답하기 위해서 한 일이지만 구매한 영수증을 보여주면 수고비를 꼭 챙겨주었다. 신기하게도 효과를 보았다면서 또 다시 부탁이 오고 그렇게 시작한 일을 한 10여 년을 했다.

내 고객 중에는 이름만 들으면 알만한 유명배우의 부인도 있었다. 그녀는 마당이 넓고 큰 이층집에서 살았다. 딱 봐도 귀부인이고 무엇 한 가지 부족한 것이 없어 보이는데 어설픈 그 약을 왜 드셨는지 지금도 알 수 없다. 약을 들고 긴 마당을 지나 들어가면 그녀는 이층 난간에 서서 들어오라는 손짓을 한다. 마당에는 꽃과 함께 앵무새며, 공작비둘기 같은 여러 종류의 희귀

한 새가 많았다. 외모는 예쁘고 순하게 보이나 얼굴에는 알 수 없는 그늘이 있었다. 아이를 업고 서 있으면 마루에 내려놓으라 하고 소파에 앉게 했다. 그러고는 그 시절 귀하던 생과일을 갈아서 주기도 하고, 아이스크림을 예쁜 유리그릇에 담아서 내오기도 했다. 또 아이들 먹이라며 이것저것을 싸주시곤 했다.

나는 그 일을 좋아했다. 가사 일에 치여 허리 한번 펴지 못하다가 버스를 타고 종로로 향하는 순간은 나름 쉴 수 있는 시간이었다. 그런데 그간 새까맣게 잊고 있었다니. 고마운 사람들에게 은혜를 다 갚았는지도 희미하다.

내친김에 광장시장으로 들어가 보았다. 옛날보다 더 많은 먹자골목이 형성되어있지만 분위기는 크게 변한 것이 없다. 여전히 물건은 천장까지 쌓여있고, 인파에 밀리며 돌아보니 옷이며, 조각 천이며, 모자가게가 가득하다. 이왕 왔으니 옛날 그때처럼 잔치국수라도 먹을까 어슬렁거리지만 인파에 떠밀려 비집고 들어갈 틈이 없다.

도시의 거리는 하루가 다르게 변한다. 그 많던 한약재상은 어디로 갔는지 없어졌다. 대신 큰 간판을 내건 약국들이 자리를 차지했다. 주변을 왔다 갔다 해본다. 젊은 날 드나들던 약재상 집이 어디쯤일까를 가늠해 보기 위해서다. 그리고 마침 확신이 드는 집을 발견했다. 역시 빌딩으로 변해 약국이 되어있다. 문을 열고 들어가 비타민음료수 한 병을 주문한다. 안에는 남자

서너 명이 하얀 가운을 입고 서 있다. 여기가 옛날 ○○한약방이 있던 곳이 아니냐고 물었다. 젊은 남자들이 무슨 소리인가 한다. 그중 70대중반쯤의 머리가 하얀 노인이 빤히 쳐다본다. 그러고는 갑자기 환하게 웃으며 "아이를 업고 오던 그 아주머니 맞지요." 한다. 나도 그 남자가 기억났다.

그 시절 한약도매상들은 대부분 큰 부자들이었다. 그는 나와 비슷한 동년배로 그 집의 아들이었다. 모친 말로는 일은 안하고 돈만 쓰고 다닌다며 푸념을 자주했다. 가끔 그를 보았는데 돈이 떨어지면 와서 필요한 금액을 줄 때까지 가게 한가운데 버티고 서 있었다. 부친이 고함을 지르고 욕을 하던 장면이 떠올랐다. 잠깐 동안 둘만이 아는 미소를 주고받았다.

그도 격동기의 젊음을 다 소진하고 하얀 노인이 되어 있었다. 그래도 부모덕에 건물 주인이 되어 아직도 자리를 지키고 있으니 다행이다. 종업원 중에 점박이 아저씨는 어디 있느냐고 물었더니, 모두 돌아가고 자신만 남았다고 한다. 가끔 오겠다며 돌아섰지만 다시 올지는 장담할 수 없다. 나는 황사먼지가 가득한 길가에서, 이제 막 봄이 시작되는 3월의 하늘을 올려다보았다.

욕 심

송년모임에서 새로운 사람들을 많이 만났다. 그러다보니 여러 장의 명함을 받았다. 찍혀있는 몇 줄의 글로 살아온 이력과 현제의 사회적인 위치를 알 수 있었다. 사람은 다양한 방식으로 자신을 새겨서 표현한다. 누구는 간편하게 한두 줄이고 어떤 이는 뒷면까지 빼곡하다. 과거 경력과 현재 직위를 적어두고, 심지어는 지역의 민방위위원 한 것까지 빼지 않는다. 그럴 때는 슬며시 미소가 지어진다. 열심히 살았구나 싶기도 하지만 허허로운 빈 마음구석을 본 것 같아 짠하기도 하다. 받기만 하고 줄 것이 없는 나는 잘 간직하는 것으로 답을 대신한다.

나름 힘껏 살았는데 도드라지게 새길 한 줄의 경력이 없다. 언젠가 한 문학모임에 갔는데 사회자가 나를 세워놓고는 마땅한 말이 떠오르지 않는지 뜸을 들인다. 그리고는 한다는 말이

'예, 선생님의 남편은 유명한 한의사로서…' 어쩌구저쩌구 하며 뒷말을 길게 붙인다. 순간 당황스러워서 쥐구멍이라도 있으면 숨고 싶었다. 그 뒤 여러 곳에서 그런 식으로 남편의 직업을 내 등에 얹었다. 물론 고충을 모르는 것은 아니다. 소개할 무엇이 얼마나 없으면 재벌도 유명인도 아닌 남편을 거론할까 싶다. 크게 생각하면 부부는 하나지만 그래도 좀 억울하다. 그가 공부할 때 나는 그의 가족을 모시고 아이들을 키웠고, 그가 세상 속을 헤엄칠 때 나는 밥을, 청소를, 빨래를 했다. 그러나 인간 세상은 그런 경력을 인정하지 않는다.

전직 국회의원을 만난 적이 있는데 주변에서 아직도 그를 의원님이라고 불렀다. 그분도 당연하다는 듯 받아들이고 상석에 앉아 훈훈한 대접을 받았다. 모든 직위를 내려놓고 야인이 되어 걸을 때 세 번 흔들고 한 번 걸어도 회장님, 교수님, 사장님으로 불린다. 그래서 사람은 그럴듯한 자신의 위치를 찾기 위해 그리 바삐 사는 것 같다. 다행히 성공하면 그의 앞에는 영광과 함께 수많은 직함이 따라다닌다. 그중에는 속이 꽉 찬 대단한 실력의 사람도 있지만, 허언으로 포장한 가짜도 많다. 어려운 사람을 도우라고 준 성금을 자신의 돈인 줄 착각하는 자선사업가도 있고, 가르치는 것은 뒷전이고 성추행을 좋아하는 교수도 있었다. 화투를 즐기는 스님도 있고, 술집여성의 돈을 갈취하는 경찰도 보았다.

더러는 자신을 더 크게 위엄 있게 보이기 위해 개구리처럼 목을 세우고 부풀린다. 얼마 전 모 기업의 회장님이 직원들을 막 대한다는 기사가 났다. 욕을 하고 발로 차며 때리기를 반복했다고 한다. 그 역시 젊어서는 고생을 했다는데 자만이 넘쳐서 그만 곤궁하던 때를 잊고 만 것이다. 다행히 정의는 살아있어서 신문과 방송에서 질타를 받고 마침내 공식적인 사과도 받아냈다고 한다.

명예도 이름도 명함에 새길 이력 한 줄이 없지만 후회는 없다. 인간은 타인의 삶에 그다지 관심이 없다. 잠깐 관심을 가지는 것 같지만 이내 잊어버린다. 그것을 모르고 나는 매사 너무 심각했다. 누군가에 관찰 당하는 것처럼 말과 행동을 조심했다. 상대에게 피해만 없다면 더러 게으름을 부리고 해찰을 해도 나쁘지 않았다. 자유로운 영혼의 소유자라는 타이들을 업고 인간 세상의 규칙을 위반해도 이해되는 사람이 부럽기도 했다.

생각하니 생명에는 잘나고 못난 것이 없었다. 국가가 어디든지 얼굴이 검든 희든 설령 장애를 가졌다 해도 자신의 잣대로 상대를 평가해서는 안 된다. 바라보는 자의 편견이지 정작 본인과는 무관하기 때문이다. 그러기에 굽은 나무가 선산을 지킨다는 격언과 작은 꽃이 더 많은 꿀을 머금고 있다는 말을 위로로 삼는다.

황혼도 사라지고 잿빛 시간 앞에 선 뒤에야 삶이 무엇인지 조금 알 것 같다. 성공이란 사회적인 지위와 평가에 있는 것이 아니다. 온갖 갈등으로 끌려 다니는 자신과 화해하고 마침내 평화롭게 되는 것, 있는 그대로의 현상을 받아들일 줄 안다면 성공한 인생이 아닐까.

늦었지만 명함 하나를 찍는다면 이렇게 쓰고 싶다.

바랑 하나 짊어지고,
허름한 담벼락을 기웃거리겠소,
그깟 세상일 다 잊겠소,
멍하게 그냥 있겠소.
남은 시간 바람처럼 흐르겠소.

아! 너무 긴가, 또 욕심을 부리고 말았네.

(2016년)

관 상

시월의 어느 일요일, 아침에 집을 나와 발길 닿는 대로 걸어 다녔네. 혼자 아침 먹고 점심 먹고 더는 무료함을 참을 수 없어 영화 한 편을 보았어. 표 두 장을 구입하려면 예약을 해야 하지만 한 장 구하기는 쉬웠어. 제목이 마음에 와 닿았지. '관상' 얼굴만 보고도 다가올 운명을 읽을 수 있는 천재 관상쟁이 이야기를 다룬 영화였어. 가볍게 구백만 관객을 돌파했다고 하니 모두들 얼굴에 관심이 많은 모양이야. 어떻게 생겨야 권력을 얻고 돈을 벌 수 있는지, 아니면 수명장수하고 행복하게 살지 궁금한 것은 사실이지. 어느 큰 기업에서는 관상쟁이를 대동하고 직원을 뽑아 쓴다고 들었어. 누가 충신이 될지 배반을 할 인물인지 가려내어 인재를 등용한다나.

골상학이나 관상은 현대과학으로 입증되지 않은 이론이라 하네. 그래도 상대를 직접 만나서 바라보면 첫 느낌으로 대강은 알 수 있어. 웃고 말하는 모양이나 옷을 입은 스타일을 보면 지구별 어디쯤에 속하는지 알고는 해. 하지만 요즘에는 모습만으로 내면을 짐작하기 어려워. 잘 먹고 잘 입고 성형기술도 발달하니 외모만으로 판단하기가 쉽지 않아.

나에게 사기를 친 그 남자도 얼굴은 멀쩡하게 생겼어. 큰 키에 선한 눈빛을 가지고 있더라고. 그 모습에 속아 상가 하나를 샀는데 계약 자체가 거짓이었어. 나름 노후대비를 한다고 큰마음 먹고 한 일인데 놀랍고 황당했지. 적어준 주민번호도 가짜고 타고 다니는 자동차며 심지어 아내, 자식도 가짜였어. 어떻게 그렇게 사는 사람이 있는지 믿을 수가 없었어. 나름 세상살이로 오래 버텼으니 사람 보는 감은 좀 있다고 믿었는데 그 또한 믿을 게 못되었어. 식구들 보기도 미안하여 한때는 목소리를 줄이고 허리를 숙이며 다녔어. 내 얼굴 어디쯤에 그런 독한 사기꾼을 만나 고통 받을 기록이 메모리 되어 있는지 알 수 없었어. 가족은 전생에 진 빚을 갚았다고 생각하라지만 한동안은 잠들었다가도 벌떡벌떡 일어나곤 했어.

얼굴이 잘생겨 관상이 좋다는 평을 들으면 조금 덜 노력해도 살기가 편해지는 것은 사실이야. 연말이면 치러지는 백상예술이니 청룡영화제를 보면 대한민국의 잘난 남녀는 그곳에 다 모여 있는 것 같아. 사람이 어떻게 저렇게 조각처럼 생길 수 있을까 싶은, 가끔은 늙은 가슴을 남몰래 뛰게 하는 그런 황홀한 모습도 있어. 그중 더러는 성형으로 온몸을 고쳤다고 수군대지만 그 또한 대단한 용기라 생각했어.

영화 속의 관상쟁이도 수많은 권력가들 관상을 보아주고 한때 벼슬도 하며 호시절을 누리더군. 왕도 만나고 권력가 김종서며 수양대군 관상을 보기도 하며 큰 무대에서 바쁜 듯 뛰어다녔지. 하지만 특출한 그 재주가 오히려 독이 되어 생의 폭풍에 휘말릴 줄이야. 또 무한 자식사랑으로 너는 관상이 좋아 잘 될거라 호언하더니 정작 자신의 아들이 죽는 순간은 알지 못했어. 단종의 자리를 빼앗아 왕이 되어 대궐로 들어가던 수양이 화살로 관상쟁이 아들을 쏘아버렸어. 물론 픽션이겠지만 계획에 없던 갑작스러운 죽음, 지구별에는 그런 어이없고 황당한 일이 이 순간도 도처에서 일어나고 있어. 그것에는 관상을 뛰어넘는 알 수 없는 다른 룰이 적용된다는 것을 말하는 것 같지.

요즈음은 연일 청기와 집의 대변인 성추행 사건과 한 검찰총장의 혼외사랑 이야기가 세상을 휘젓고 있어. 한때는 뒤져도 뒤져도 미담만 가득하다고 회자되던 사람인데, 어떻게 불과 몇 개월 사이에 최고의 남자에서 파렴치로 변했는지 알 수가 없어. 사진을 보니 취임하는 순간이나 퇴임 당해 나올 때나 관상이 달라진 것은 없었어. 더러는 정치적인 제거 프로젝트에 걸려들어 억울하다 말하지만, 운명이 극에서 극으로 전환되는 현실은 어떻게 설명해야 할까. 조선시대라면 도승지며 판서 정도 되는 걸출한 인물들인데 예쁜 여자에게 좀 추근거렸다고 지구촌이 다 알 정도의 망신살이 뻗치네. 딸뿐인 대감댁에 귀한 아들이 생겼으면 축하해줄 일인데 혼외자라며 수군거리고, 억울하면 명명백백 밝히고 정면 돌파를 하지 왜 피하는지 아둔한 머리로는 이해하기가 쉽지 않아. 또 그 부인들이나 당사자 아이들 심정은 어떨까. 홍판서의 서자 홍길동처럼 아버지를 아버지라 부르지 못하는 설움이 현대에도 도처에서 재현되고 있는 것 같아.

어느 동물학자가 말하기를 수컷은 사랑의 노예로 태어난다했어. 암컷은 사랑을 해도 머릿속으로 손익계산을 따지는데 수컷은 스스로 마음이 식을 때까지 전후사정 살피지 않고 죽자 살자 달려든다네. 사람 역시 동물이라 욕망의 그 저돌성을 어떻게 갈무리하느냐에 따라 출세도 하고 패가망신을 당하기도 하지. 잘난 남자와 여자들이 인간세상의 공중도덕을 지키지 않아 당하는 피해는 역시 관상(觀相)보다는 심상(心相)이 아닐까싶어. '심상', 그것은 눈에 보이지 않지만 세상의 한 부분을 쥐고 있는 것이 분명해. 잘생기고 유능한 남자들이 성의 피의자가 되어 하루아침에 젖은 낙엽신세가 되어 떨어지는 것만 보아도 알 수 있잖아.

꿈꾸듯 영화에 잠겨 있다가 현실로 돌아오니 늦가을바람이 불고 있었어. 마침 광장에는 거리의 악사들이 '고향무정', '목포의 눈물', '내 나이가 어때서', 이런 노래를 메들리로 연주했지. 단풍잎도 젖은 채 하늘거리며 춤을 추었어. 발을 아예 의자에 올리고 광장을 오고가는 사람들을 바라보았네. 큰 사람, 작은 사람, 날씬한 사람, 더러는 나처럼 부은 듯 뚱뚱한 사람들, 사는 것이 재미있어 죽겠다는 표정을 가진 얼굴은 찾기가 쉽지 않았어. 가끔 연인끼리 팔짱을 끼고 가는 모습이 그나마 예뻐 보인다 할까. 화면에서 보던 화려하고 잘생긴 관상은 현실 어디에도 없었어.

각자에게 배당된 하루가 석양 속으로 사라지고 있었어. 세상의 온갖 행, 불행은 마음이 넘치거나 모자란 것에서 생겨난다고 해. 숨 가쁘게 밀려오는 생의 파고에 그나마 덜 휘둘리려면 보이지 않는 마음경영을 바르게 해야 한다는 선인들의 말씀은 옳은 것 같아. 얼굴은 내면을 표현하는 도화지라고들 해, 매일 조금씩 변해가는 모습을 바르게 지키려면 사람으로서의 정도를 잊지 않는 것이 최선이 아닐까싶네.

(2015년)

울타리

최근에 친목 모임 하나를 해체했다. 큰아들 고등학교 일학년에 결성되어 그 애들이 반백 살이 되었으니 참 오래 되었다. 처음 12명의 엄마들이 모여 모임을 만들었을 때는 너나없이 자식들에게 거는 기대가 자못 크던 때였다. 고교 시절의 친구는 평생을 이어진다고 들었다. 남자아이들이니 다툼을 방지하고 서로 끌고 밀어주기를 비는 마음에서였다. 아이와 엄마들이 우정과 친목을 이어가며, 튼튼한 울타리가 되어주기를 간절히 바랐다.

그들은 고등학교를 졸업하고 각자의 실력에 맞는 대학에 가고 사회의 일원이 되었다. 결혼을 하고 부모가 되고, 개중에는 성공한 사람도 나왔다. 몇 명은 회사원이 되고, 의사, 또는 약사, 고위공무원이 된 아이도 있다. 사심 없이 순수하던 그들도 위치가 달라지니 변해갔다. 크게 성공하거나, 아니면 사업실패로 부도를 맞고, 혹은 이혼을 하고 유명을 달리한 아이도 있다. 학부모의 인연으로 시작했지만 긴 세월 만나며 개인사정을 알다보니 엄마들은 진짜 동창보다 더 가깝게 지냈다.

사람은 혼자서는 살지 못한다. 기대고 의지하고 누군가의 버팀목이 되어주어야 한다. 억지로라도 울타리를 만들고 우정을 맺어주면 인연을 이어갈 거라 믿었다. 하지만 그렇지 못했다. 개성이 다르고 취미도 달랐다. 직업에 따라 사회적인 위치도 눈에 띄게 차이가 났다. 끼리끼리 모인다는 말이 있다. 전연 다른 공기와 문화에서 살던 그들이 가끔 만나니 공통의 화제가 없었다. 출세를 하고 돈을 많이 번 사람은 활기가 넘치고 그렇지 못하면 뒤에서 맴돌았다. 그래서 모임에 빠지고, 누가 나빠서가 아니라 사회적인 위치가 그들을 갈랐다. 세월이 흐르면 나아질까 했는데 더 멀어질 뿐 학생 시절처럼 편안한 관계로 돌아가지는 못했다. 연락이 끊기고 점점 잊혀졌다.

내가 회비관리를 하며 지금껏 끌어왔다. 이제 어머니회원도 더러는 빠지고 돌아가신 분도 있어 다섯 명이 남았다. 어느 날 밥을 먹고 입속에 맴돌던 말을 꺼내고 말았다. 아들들이 모두 흩어졌는데 엄마들만의 모임은 의미가 없다. 나이도 많고, 그만 만나면 어떨까하고 의견을 물었다. 그랬더니 모두 기다렸다는 듯 그러자고 한다. 표현은 안했지만 같은 생각을 하고 있었던 것이다. 30대에 만나 70대가 된 엄마들의 마음은 착잡하고 시큰거렸다. 마지막 헤어질 때 몇 번씩 서로를 끌어안고 울먹였다. 흘러간 세월이 안타깝고 인간관계의 허무함이 속절없이 느껴지는 날이기도 했다.

돌아오는 길, 전철에서 고등학교 여학생 열댓 명을 만났다. 수업이 끝나고 집으로 돌아가는 길인 모양이다. 그 재잘거림의 에너지가 차 안을 환하게 했다. 사람도 많지 않고 옆자리가 비어있어 앉으라고 했더니 눈치를 보며 서로 양보만 한다. 마침내 씩씩한 여학생 하나가 호기 있게 앉는다. 그러고는 앞에 서 있는 친구를 자신의 무릎에 앉힌다. 웃고 재잘거리고 또 다음 학생을 앉히고, 그렇게 번갈아 자신의 무릎을 내어준다. 홀로 누리는 혜택을 나눌 줄 아는 예쁜 아이다. 미처 깨닫지 못했겠지만 그들은 평생을 이어갈 친구라는 울타리를 스스로 만들고 있는 중이었다.

자식에게 거는 기대가 컸던 때가 있었다. 하지만 아들은 나를 닮아서인지 돈과 명예에는 관심이 없다. 그래도 부모에게 효도하려고 노력하고 성실한 가장이 되었다. 취미는 독특해서 자동차 경주를 좋아하고, 세상 속에 굴러다니는 온갖 시계를 모은다. 같은 성향과 취미를 가진 사람들과 동호회를 만들고, 친구가 되고, 그들과의 새로운 울타리를 만들었다. 결국 울타리란 부모가 만들어 주는 것이 아니었다. 스스로 만들고 무너지지 않게 견고히 지켜야하는 것 같다.

(2017년)

괜한 트집

버스는 가을을 안고 달렸다. 차창 밖은 오색으로 물들었다. 이렇게 꼬부랑길이 언제부터 있었나 싶게 먼 길이다. 평소 멀미를 모르는데도 굽이굽이 돌 때마다 어지럼증이 일었다. 산 아래로는 시퍼런 강이 따라오고 버스 안의 아낙들은 트로트가락으로 후끈 달아올랐다. 그 사이사이에 인솔자의 말이 이어졌다.

"에, 오늘 도착해서 쉴 마을은 오지 중의 오지라 합니다. 집은 달랑 두 채뿐으로 마당에는 바람과 다람쥐만 드나든다고 하네요. 평소에는 사람구경하기가 어렵고 식사는 나물밥이 전부지만 공기와 물은 최고랍니다. 특히 단풍이 절정이니 탁월한 선택을 하셨습니다."

칭찬까지 아끼지 않으니 버스 안은 기대로 출렁거렸다.

"그러면 가마솥 밥을 실컷 먹을 수 있겠네요."

옆자리 친구가 말했다.

"아 그럼요. 자연산 유기농 음식입니다."

모두는 구수한 숭늉을 떠올리며 입맛을 다셨다.

"그곳에 사는 사람들은 모두 감투를 쓰고 있습니다. 남편은 마을이장이고 부인은 부녀회장, 아들은 청년회장이니 지역유지랍니다."

왁자하게 웃음이 터졌다. 사람구경하기가 어렵다니 삭은 얼굴들이지만 보여주는 값을 단단히 받아야하겠다고 기염을 토하는 이도 있었다.

가는 길은 멀었다. 버스로 4시간을 달려왔는데 내려서도 한 시간 반쯤을 좁은 산길을 걸었다. 다리가 시원찮아 부축을 받으면서도 하늘 아래 바람만 다닌다는 그곳을 어서 보고 싶었다. 인간이 드나들면 오염되고 말 것을 걱정하면서도 나 하나라는 말로 위로를 삼았다.

마침내 좁은 산길이 끝나는 지점에 파로호를 정원 삼아 그 집이 나지막이 엎디어 있었다. 이렇게 먼 길을 그들은 어떻게 생필품을 운반하는지 누구는 이고 다닐 거라 하고 누구는 지고 다닐 것이라 의견이 분분했다. 듣던 대로 끝자락인 가을은 색색의 빛깔로 산을 치장하고 낯선 객을 맞았다. 작은 다리를 건너며 내려다보니 개울 아래 떨어진 단풍잎이 크리스털에 새겨진 대가의 그림 같았다.

하지만 다람쥐뿐이라는 마당에 웬일인지 등산복차림의 사람들이 가득하다. 손님이 오면 반가워서 맨발로 뛰어나온다고 했는데 누가 주인인지조차 모르겠다. 점심때가 지났으니 배는 고픈데 마주한 밥은 생각한 그 밥이 아니다. 가마솥은 어디가고 증기에 찐 밥으로 불면 날아갈 듯하다. 찬 공기 탓인지 밥은 식었고 나물은 질기고 말랐다. 국물도 없는 찬밥을 먹으니 한기가 들었다. 부엌에 가서 따뜻한 물을 얻어오기로 했다. 뒤란으로 돌아가니 마침 주인인 듯한 여자가 있었다. 따신 숭늉이나 물을 좀 줄 수 없느냐고 했더니 턱으로 어딘가를 가리킨다. 말로 하지 턱으로 하나, 언짢았지만 턱이 향한 곳에는 찬물뿐이다. 이번에는 매사에 적극적인 친구가 자신이 얻어오겠다며 호기롭게 나섰다. 하지만 그 역시 빈손이다. 아예 못들은 척 돌아보지도 않더란다. 가마솥과 숭늉과 고구마는 어디가고 청산유수였던 인솔자도 입을 다물었다.

그 흔한 인스턴트커피도 없고 여기저기서 불만의 목소리가 터져 나왔다. 이어서 또 다른 관광객이 들이닥쳤다. 마당은 더 부산스러워지고 앉아있던 의자도 눈치껏 비워 주어야 했다. 분위기는 초겨울날씨보다 더 싸늘하게 변하고 돌아가겠다는 사람이 속출했다. 모처럼 벗어난 해방감으로 노래와 춤을 추며 왔는데 기대한 만큼 실망도 컸다. 기다리면 쉴 공간을 마련해 주겠다고 했지만 민심은 천심이라 이미 늦었다. 일행 두엇이 바삐 뛰어다니더니 돌아갈 배를 구했다고 한다. 이래서 조선 아낙들의 지혜와 순발력을 따라올 자가 없다는 말이 또 증명되었다. 어중뺑이인 나도 배를 타는데 합류했다. 가마솥이 없는 것보다 더 서운한 것은 손님과 눈도 마주치지 않는 집에 더는 머물고 싶지 않았다.

배는 쾌속정보트로 주인이자 이장님 소유였다. 일정금액을 지불하자 바람을 가르며 파로호를 거슬러 달렸다. 갈 때 그토록 멀던 길은 불과 20여분 만에 도로가 있는 곳까지 왔다. 보트주인은 우리를 내려놓고 뒤도 돌아보지 않고 가버렸다. 강둑에서 떠나는 배를 바라보았다. 그리워하던 정인을 찾아갔다가 버림받고 내쳐진 그런 느낌이었다. 강이 있으면 배가 있을 거라는 당연한 생각도 못하고 짐을 이고, 들고 다닐 거라는 순진한 걱정만 했다.

어딘가에 있다는 이상향 샹그릴라를 그리워하는 심정이었을까. 신선이 살 것 같은 풍광 속에서 늙지 않고 병들지 않고 근심걱정이 없다는 곳, 그런 곳에 단 하룻밤이라도 쉬고 싶은 욕심. 생태 길을 돌아보고 지붕 위로 지나는 바람소리를 듣고 싶었을 뿐인데 과욕이었나 보다.

돌아와 생각하니 괜한 트집을 부린 것 같아 후회가 밀려온다. 찾아가는 사람은 하나이지만 맞이하는 쪽은 매일 반복되는 일에 지칠 만하다. 그들은 자연을 팔아 돈을 벌어야하는 생활인일

뿐이었다. 주선자는 1박 2일이 하루로 끝난 복잡한 계산을 해야 하고, 그간 쌓아놓은 신용도 잃었을 것이다. 비운다, 비운다 하면서 잠깐의 불편을 못 참으니 쓰레기로 가득한 속은 언제 비울지 요원하기만 하다.

(2015년)

시월 어느 날

이름도 예쁜 사월애라는 글공부 모임이 있다. 글을 짓고 책을 만드는 그 집 마당에는 주인의 정성으로 피운 온갖 꽃이 살고 있다. 작고 아담하지만 조선왕조 창경궁 돌담이 둘러서 있어 알 수 없는 신비함과 아릿한 무엇이 공존하는 곳이다. 마침 10월이라 담장 밑에는 구절초며 국화가 한창이다. 대추나무에 아직도 남아있는 대추를 따먹으며 이리저리 구경을 하는데, 집주인이 국화꽃가지 몇 개를 잘라서 내게 준다. 송이는 작지만 토종이라 향이 진하다.

가지부분만 비닐에 싸서 전철을 탔다. 승객이 가득해서 옆도 돌아볼 틈이 없었는데 양재를 지나자 서 있는 사람이 거의 없다. 그 순간 내 옆의 남자가 말을 걸어온다.

"무슨 꽃인지 향기가 진하네요."

나는 무심결에 그에게 꽃을 내밀었다. 남자는 코를 벌렁 거리며 향기를 맡는다. 공평한 것을 좋아하는 내 성격답게 옆의 남자에게도 디밀어본다. 그랬더니 세월의 나이테가 가득한 얼굴에 의외의 환한 미소가 번진다. 남자는 향기를 연신 맡으며 어디서 가져왔느냐고 묻는다. 낯선 사람에게 말을 잘 걸지 못하는데 이제 나도 뻔뻔해졌나 보다. 한 달에 한번 모여서 글공부를 하는데 그곳 마당에 핀 꽃이라 자랑한다. 그 나이에 무언가를 배운다는 것이 대단하다며 자기도 일주일에 책 한 권씩은 읽는다고 한다. 그리고 지금 읽고 있는 책을 가방에서 꺼내 보여준다. 사노요코의 『죽는 게 뭐라고』라는 책이다. 얼른 책 이름을 기록한다.

건너편에 앉은 할머니가 국화향기가 그곳까지 풍긴다고 한다. 나는 일어나서 나란히 앉아있는 여자들 앞에 차례로 꽃을 내민다. 모두들 역시 가을은 국화라며 입을 모은다. 꽃 향으로 대화를 이어가다 건강정보까지 교환한다. TV에서 얻어들은 정보로 간에는 무엇이 좋고 무릎에는 무엇이 좋다는 말을 서로 다투어 말한다. 넉넉히 비어있는 공간이기에 가능했을 사람과의 교류다. 동네인 대모산 자락에는 노랗고, 붉은 단풍이 가득하고 하늘은 고려청자색이다. 집으로 돌아오는 발걸음이 어느 때보다 가볍다.

여러 사람과 나누고도 향기는 조금도 줄지 않았다. 물을 담은 유리컵에 꽂아 식탁 위에 올려놓았다. 무심한 시간은 쉼 없이 흐른다. 3일이 지나자 더는 안 되겠다 싶어 꽃을 하나하나 딴다. 작은 채반 소쿠리에 널어 말린다. 침대 머릿장 귀퉁이에 얹어놓는다. 은은한 잔향이 풍긴다.

시월의 어느 날, 꽃을 꺾어준 마음까지 합쳐 멋진 순간을 선물 받았다. 지하철에서 만난 남자가 알려준 책을 사서 읽으며 생멸에 대한 이치를 한 번 더 되새긴다.

(2018년)

환(幻)

해인사 들어가는 길에는 푸르스름한 저녁이 안개처럼 내려앉는다. 양쪽의 소나무 군락은 힘차게 뻗어있고 늦가을의 산사는 마지막 가을을 품어낸다. 아련히 비치는 불빛을 따라 들어서니 마치 꿈의 세계로 들어선 듯하다. 절 입구에는 먼저 온 사람들이 삼삼오오 모였고 일행은 젊은 스님의 뒤를 따라 배정된 방으로 들어간다. 한지를 바른 방안은 작지만 따뜻하고 아늑하여 연한 향내를 풍긴다. 벽에 쓰인 '묵언'이라는 글 때문인지 방안은 조용하다. 처음 만난 사람들과 어깨를 나란히 하고 누우니 하룻밤의 인연이 새롭다. 새벽 예불에 참석하려고 먼 길을 달려왔으니 몸은 나른한데 잠은 쉬 들지 않는다.

수건 베개를 한 머릿속은 이 순간도 생각이라는 괴물이 쉼없이 떠오르고 사라진다. 잠시도 가만있지 못하고 천리를 날아다니는 조각들, 그 속내는 불안한 집착이 대부분이다. 이제 미친 듯 쏘다니는 생각에게서 벗어나고 싶은데 방법을 모른다. 파스칼은 '인간은 생각하는 갈대'라고 했고 데카르트는 '생각하기 때문에 존재한다'고 했다. 하지만 좋은 생각은 어렵고 대부분 걱정과 근심이 범벅된 쓰레기들이다. 이 일을 하며 저 일을 생각하고 이 사람을 만나면서 마음은 다른 곳을 향해간다. 이 숲저 나무를 옮겨 다니는 원숭이와 다르지 않다. 무념무상으로 행복하다는 그런 경지는 어떤 것인지, 절 뒤란의 이 방처럼 아무 가구도 없어 편한 그런 빈방 하나를 가지고 싶다.

겨우 잠들은 것 같은데 어디선가 갑자기 똑, 똑, 또르르 하는 소리가 들린다. 잠에 취해 멍하니 듣다 벌떡 일어난다. '아, 사물고' 이 소리를 듣고 싶어 먼 길을 달려왔는데, 조용히 일어나 머리맡에 놓아둔 양말을 신고 겉옷을 입는다. 일행이 깰까 살며시 문을 열고 밖으로 나온다. 늦가을 찬바람이 몸을 감싸며 쨍한 추위가 달려든다. 스님 두 분이 장삼자락을 휘날리며 법고를 두드리고 있다. 여명에 울리는 법고소리, 때로는 크게 때로는 작게 강약을 타고 산하로 날아간다. 실로 오랜만에 북소리를 타고 높이 날아오른다.

법고가 끝나면 종소리가 울린다. 우웅우웅 떨리며 우는 종소리. 귀 기울이면 하나의 점이 되어 사라진다. 짧은 그 끝을 붙잡고 잠깐의 무심 속에 잠긴다. 종소리도 잦아들면 스님들이 일

렬로 줄을 서서 법당을 향해 걸어온다. 언제 어떻게 일어나서 그렇게 가지런히 들어올 수 있는지 마치 준비하고 있다가 무대에 오르는 배우들 같다. 족히 백여 명은 넘을 것 같은 스님들이 매일 치르는 의식, 저들은 무엇을 얻고 성취하기 위해 새벽잠을 반납했을까. 생각하면 수도생활은 힘들다. 아침잠이 많은 사람은 꿈도 꾸기 어려운 일이다. 사는 것이 힘들면 중노릇이나 하라는 시중에 회자되는 말이 있다. 하지만 고행을 며칠만 따라 할 수 있어도 대단한 의지력이다. 물론 개중에는 문제를 일으키는 승려도 있지만 대다수는 힘겨운 정진을 계속한다. 나는 불과 2박 3일인데 그 시간이 힘에 부친다.

법당 귀퉁이에 앉아 스님들이 외우는 불경소리를 듣는다. 건장한 남자들이 암송하는 천수경과 반야심경, 자신이 느끼는 만큼 듣고 본다는데 내 귀에는 슬픈 노랫소리로 들린다. 생각하면 언제부터인가 깊은 곳에 알 수 없는 슬픔이 쌓였다.

지난 시절을 돌아보면 잘못된 길, 잘못된 선택의 연속이었다. 정면으로 마주한 내 모습은 보잘것없고 바른길을 찾지 못해 먼 길을 돌았다. 이웃에게도 아이들에게도 지혜로운 사람이 되지 못하고 어영부영하다 세월만 보냈다. 유시화의 시 구절처럼 지금 알고 있는 것을 젊은 그때 알았다면 얼마나 좋았을까. 원망이 회오리처럼 일어날 때면 그것들을 잊기 위해 어디든 떠난다. 불가에서는 바로 지금뿐이지 어디 다른 시절이 따로 없다 말한다. 뒤돌아보지 말라했는데 아직도 뒤만 돌아보고 있으니.

어느 스님의 어깨를 내리치는 죽비소리가 들린다. 잠깐 몰입하나 싶지만 오래가지 못하고 생각은 그 사이를 비집고 들어앉는다. 고약한 마음은 막 새벽이 열리는 절 마당을 보고 싶다고 보챈다.

법회가 채 끝나지도 않았는데 법당 문을 열고 나와 돌담 아래로 내려 앉는다. 숲의 나무들은 새벽운무에 싸여 고요하고 댓돌 위에 벗어놓은 스님들의 하얀 고무신은 이렬 종대로 가지런하다. 고무신 하나하나에는 신발 주인의 사연이 담겨 생의 슬픔과 외로움이 이슬로 찰랑거린다. 나는 이런 순간을 좋아한다. 혼자 바라보는 산과 그 사이로 올라오는 아침 햇살, 뺨에 와 닿는 차가운 바람, 무거운 몸만 없다면 날아다니며 마음의 카메라에 풍경을 빠짐없이 담고 싶다. 그러기에 늘 두리번거리다 생의 어느 한부분도 깊게 알지 못한다.

마지막 날 점심 공양을 끝내고 큰스님 방으로 들어갔다. 스님은 일행의 이름을 하나하나 물어보고 각자에게 맞는 글귀 하나씩을 내려주며 품고 다녀라 당부한다. 내 봉투를 열어보니 '幻(환)'이라는 글자가 쓰여 있다.

그 모든 것들이 "환상(幻相)이라고."

힘들게 고비를 넘으며 간절하게 살아낸 나날이 하룻밤의 꿈이라면….

'환'을 가슴에 품고 돌아온다.

그들의 차이

빨간색의 유모차를 끌고 있는 아주머니를 만났다. 바람막이 뚜껑이 있는 유모차는 고급스럽고 튼튼해 보였다. 타고 있을 예쁜 아기를 상상하며 그 손을 만져보고 싶었다. 양해를 구하고 휘장을 걷었다. 그런데 놀라서 주저 앉을 뻔했다. 아기는 어디 가고 눈이 까만 강아지 한 마리가 들어 있다. 예쁜 옷을 입고 왕관리본을 쓴 하얀 개다. 아주머니는 강아지를 쓰다듬으며 흐뭇한 얼굴로 자랑스러운 듯 말한다.

"딸이 산책을 좋아해요. 오늘은 바쁜 일이 있어 좀 늦게 태웠더니 지금 삐친 상태예요."

스스로 휘장을 걷었으니 덕담 한마디는 해야 하는데 할 말이 생각나지 않는다. 아주머니는 아이(개)가 아주 예민하다고 한다. 자신을 좋아하는지 싫어하는지 금방 알고 지금은 기분이 썩 좋지 않은 상태란다. 한 번씩 우울증이 찾아오면 맛있는 것을 주어도 먹지 않고 애교도 부리지 않는다고 한다. 그럴 때는 가족 모두를 힘들게 해서 더 사랑해주고 신경을 써야한다나. 속으로 걸어 다니면 건강해질 텐데, 웅얼거려보았지만 표현을 자제했다. 얼마 전 매일 개를 안고 업고 다니는 동네아주머니에게 평생 키워도 사람으로 변하지 않는다고 말했다가 곤욕을 치른 적이 있다. 딴에는 차라리 부모 잃는 아이를 입양해서 기르면 어떠냐는 속마음이었는데 그렇게 표현해서 이웃과 의절하게 되었다. 내 부덕의 소치였다.

뽀리(개 이름)에게 마침내 해줄 말을 찾았다. 입고 있는 옷이 예쁘다고 하였더니 아주머니는 아주 환하게 웃는다. 뽀리는 입혀주는 옷이 마음에 들지 않으면 뱅뱅이를 돌며 싫다는 의견을 전한단다. 오늘 입은 옷도 직접 골랐다며 연거푸 뽀뽀를 퍼붓는다.

사람은 이익에 따라 모였다 흩어질 수 있지만 동물은 배신을 하지 않는다. 그러기에 상처받은 인간들은 동물을 통해 위로받고 치유 받는다. 얼마 전 동영상 하나를 보았는데 사람과 사자의 애틋한 사랑이야기였다. 부부가 어릴 때 사자 새끼를 얻어와 기르다 감당을 못하게 자라서 자연으로 돌려보냈다. 그리고 일 년 만에 들판에서 상봉을 하는데 만나는 장면이 자못 감동적이다. 얼마나 그리워했으면 사람과 사자가 껴안고 볼을 부비고 품을 오가며 안기는 모습은 신기하다 못해 찡하다. 덩치가 산만한 사자가 사랑으로 키워준 은혜를 기억하고 마음을 표현하는 모습은 꾸밀 수도 꾸며질 수도 없다. 동물에게도 진한 정이 존재한다는 사실을 새삼 알게 되었다.

나는 가끔 들깨기름을 짜러 모란장에 간다. 장날은 언제나 사람으로 북적거리고 필요한 물건은 그곳에 가면 다 구할 수 있다. 한번은 시장을 돌아다니다 개를 모아놓고 팔고 있는 곳을 보았다. 철재 창살 안에 갇혀 있는 개들은 그 수를 헤아릴 수 없었다. 큰 것과 작은 것 그중에는 얼굴만 보아도 알 수 있는 진도견이며 외국에서 들여온 비싼 종도 있었다. 개를 고르고 흥정이 끝나면 뚜껑을 열고 올무를 목에 걸어 끌어올린다. 나는 그때 작은 공간에 엉켜있는 그들의 눈을 보았다. 두려움과 분노로 가득 찬 슬픈 눈빛이었다. 충격적인 장면을 보고도 돌아서야 하는 발길은 무거웠다. 유모차의 작은 개도 섬세한 감성을 지녔다는데, 창살 속의 개들은 동료의 죽음을 보며 시시각각 자신의 차례를 기다리는 심정은 어떤 것일까.

뽀리를 자식보다 더 사랑한다는 아주머니와 이런 저런 이야기를 하다 혹시 개고기를 먹느냐고 물어보았다. 물론 먹지 않는다는 대답을 기다렸다. 하지만 아주머니는 아주 잘 먹는다고 한다. 그것도 무척 즐기며 그 맛있는 것을 왜 먹지 않느냐고 한다. 나는 머릿속이 멍해졌다. 딸로 받아들여 가족으로 키우는 개와 식용으로 팔리는 차이는 무엇일까. 옛날에는 먹을 것이 귀하고 단백질이 부족하기에 마당에서 키우던 황구가 영양 보충제였다. 지금은 먹거리가 풍부하고 오히려 영양과잉으로 병이 난다는데 왜 잔인하게 도살하는지 알 수가 없다.

어쩌면 개들도 타고난 사주팔자가 있는 것은 아닐까. 누구는 태어나보니 이미 재벌이고 누구는 술꾼에 빚만 잔뜩 짊어진 부모를 만나기도 하는 것처럼 개들도 공주같이 사는 족이 있는가 하면 처음부터 먹거리로 길러지기도 한다. 우리 사는 세상은 그 자체로만 보면 선도 악도 없다한다. 인류의 역사는 누군가의 희생으로 돌고 돌며 유지된다. 그러기에 먹고 먹히는 현실을 비난할 수는 없다. 모두 잠깐 피었다 스러질 운명으로 시절 따라 그 모습 달리 할 뿐, 생명의 근원은 같다.

자기가 사람인 줄 착각하며 당당하다 못해 도도한 뽀리나, 식용으로 팔리는 개나 내가 보기에 똑같은데 그들의 차이는 과연 무엇일까.

(2014년)

그래서

70년대 중반에 운전면허를 땄다. 그때의 규정은 필기시험 한 번에 두 번 실기를 볼 수 있었다. 시험 중 자동차는 낡고 거의가 수동이어서 걸핏하면 시동이 꺼져 떨어지기를 반복했다. 여자운전자가 귀하던 때라 같이 배우는 남자들의 관심과 도움을 많이 받았다. 이상한 것은 다른 집들은 아내가 운전을 배운다고 하면 혹시 사고라고 날까 걱정하여 질색을 한다는데, 우리 집 남자는 꼭 배워야 한다며 반 강제로 내 등을 떠다 밀었다. 매사 소극적인 성격에 난감해서 사고가 나도 괜찮다는 것인가 저의를 의심하며 투덜거렸다.

지방 촌사람이 지리를 익힌다고 서울 시내를 돌아다니고 양수리며 남한산성을 오르내렸다. 그렇게 몇 개월 다니다보니 답답한 가슴이 뚫리고 갈망하여 찾던 것이 바로 이것이구나 싶어 은근히 좋았다. 하지만 같이 연수를 하던 친구가 고속도로에서 큰 사고가 났다. 운전 중에 졸았는지 차선을 넘어 상대 차와 충돌하여 시숙부부와 친구부부가 함께 사망했다. 그 충격으로 한때는 운전을 하지 않았지만 아이들이 먼 학교에 배정을 받으니 억지로라도 운전을 해야 했다. 비가 와도 눈이 와도 한강을 넘어 다녔다. 동네에 하나 광진구에 하나 중곡동에 내려주고 돌아오면 지쳐 쓰러졌다.

자동차란 한없이 편리한 것이지만 잘못하면 남에게 피해를 주고 자신도 다치게 된다. 요즈음은 일부러 차를 향해 뛰어드는 보험 사기극도 많다. 차란 우리의 인생처럼 잠시 후의 일도 예측할 수 없기에 미우면서도 예쁘다.

세상은 무섭지만 그래도 좋은 사람이 훨씬 더 많았다. 국도를 가다보면 반대편에서 오는 자동차가 불빛을 반짝거린다. 속도를 줄이라는 운전자끼리의 암호다. 또 트렁크가 열렸다든지 문에 치마가 끼이면 끝까지 따라와 일러주고 가는 친절한 운전자도 많다. 얼마 전 고속도로를 달리는데 지나가는 차마다 삿대질을 한다. 왜 그러는지 몰라 당황하는데 한 운전자가 엄지손가락으로 수신호를 준다. 그제야 세우고 보니 한쪽 타이어에 펑크가 났다. 바람이 다 빠지고 아예 휠까지 휘어져 버렸다. 고속도로 갓길에 멍하니 서서 미친 듯 질주하는 차들을 바라볼 뿐 대책이 생각나지 않았다. 그때 지나가던 한 트럭이 멈추어서고 중년의 남자가 내렸다. 그는 공구를 꺼내어 바람 빠진 타이어에 공기를 채우고 찢어진 곳을 메워주었다. 그러고는 임시방편을 했지만 서울까지는 못가고 반드시 고쳐서 올라가야한다고 당부한다. 수고한 금액을 치르려고 차속에서 가방을 꺼내는 순간 그는 뒤도 돌아보지 않고 떠나버렸다. 당연히 돈으로 갚아야 한다는 내 사고가 진심으로 도와주는 사람의 마음을 읽지 못하고 고맙다는 말도 놓쳐버렸다. 나중에 들어보니 고속도로에서 차를 세우고 누군가를 도와주는 일은 죽음을 자초하는 큰일이라 한다. 위험을 감수하고 도와준 사람의 차번호도 모르니 이 둔감을 어찌해야할지 아직도 마음이 편치 않다.

신기한 것은 누군가의 도움으로 오늘까지 잘 왔다는 사실이다. 한번은 집에 강도가 들었다. 그때 우리 집에 들어온 남자들은 하나는 밧줄을 둥글게 묶어 허리에 차고 한 명은 총과 칼을 들고 있었다. 처음에는 이것이 무슨 상황인지를 정확히 알지 못했다. 그들이 눈을 부라리며 위협적인 말을 할 때야 큰일이 벌어졌다는 것을 알아챘다. 나는 본능적으로 아이를 등에 업고 포대기를 둘렀다. 그러고는 이렇게 말했다.

"하루하루 어렵게 살아가는 사람이라 아무것도 없습니다. 이왕 오셨으니 차나 한잔 하고 필요한 것이 있으면 가져가세요."

그들은 어이없다는 표정을 지으며 사나운 눈으로 쏘아 보았다. 초라한 입성에 반지도 끼지 않았고 둘러보아도 돈이 될 것이 없다고 판단했는지 신발을 신은 채 방문턱에 걸터앉았다. 나는 손을 떨며 천천히 커피를 탔다. 그렇다고 마냥 시간을 끌 수가 없어 찻잔을 들고 부엌에서 나왔다. 그 순간, 가끔 우리 집에 드나들던 지인 언니 부부가 함께 들어오는 것이 아닌가. 그의 집은 경기도 마석에 있었다. 쉽게 올 수 있는 거리가 아닌데 대낮에 그것도 부부가 어떻게 함께 왔는지 설명으로는 어렵다. 장로님은 젊었을 적에 유도선수 생활을 한 기골이 장대한 사람이었다. 누구시냐고 물어보는 사이 강도들은 황급히 달아났다. 어떻게 내 집 앞에 차를 멈추고, 위험한 고비를 넘게 해주었는지 기적이라고 밖에 표현할 말이 없다.

지금은 운전을 못하는 사람이 없을 정도로 자동차가 생활필수품이 되었다. 한 나이라도 젊을 때 꼭 배워두어야 한다며 내 등을 떠다민 남편도 생각하면 고마운 사람 중의 하나다. 우물 안 개구리처럼 살다갈 나를 세상 속에 섞이게 해준 것은 자동차였다. 마음이 울적한 날도 운전대에만 앉으면 걱정이며 외로움, 서러움이, 눈 녹듯 사라진다. 누구의 도움 없이 스스로를 태우고 가고 싶은 곳을 찾아가니 이보다 더 좋은 벗은 없다. 물론 날이 갈수록 복잡해지는 길은 잠시 후도 보장을 못하지만 모든 것을 운명에 맡기는 편이다.

산다는 것은 시간의 차를 타고 낯선 곳을 향해하는 여로가 아닐까, 그 속에서 만나고 헤어질 때 어떤 작은 생명이라도 해악을 끼쳐서는 안 된다. 모두는 그물망 같은 인연의 고리 속에 하나로 연결되어 있다는 것을 수시로 느낀다.

나를 구해준 장로님 부부도 무한공간으로 돌아갔다. 길에는 새 사람과 새 자동차로 넘친다. 나 또한 곧 내려야하겠지만 아직은 운전수이고 싶다. 굽은 길, 위험한 길을 만난다 해도 도처에 예수님, 부처님이 가득해서 걱정이 없고 그래서 세상은 살만하다.

(2012년)

그 산길을 오르며

갑자기 남편이 떠나고 일상의 모든 것이 급격하게 변했다. 우울한 엄마의 마음을 알았는지 딸이 불교대학에 등록을 해주었다. 스님에게 지혜의 말씀을 듣다보면 탈출구를 찾을 수도 있을 것 같아 고맙게 받아들였다. 일주일에 한번 강의를 들으며 몇 주가 흘렀다. 어느 날 경주 남산을 순례하는 과정이 있다고 한다. 젊어서 여러 산을 다녀보기는 했지만 지금은 자신이 없다. 삼릉골은 가파르고 오르기 힘들다는 말을 들었다. 몇 년 전 무릎수술을 한 뒤 잘 걷지를 못한다. 망설이며 선뜻 대답을 못하는데 몸이 불편한 사람끼리의 스케줄이 따로 있다고 한다. 마침 가을이기도 해서 회원들이 산에 오르는 시간에 경주의 유적이라도 둘러보면 좋을 것 같았다.

전날 밤에 떠나 새벽에 도착하자 모두들, 산에서 누가 부르는 듯 뒤도 돌아보지 않고 달려간다. 남아서 시내관광을 함께할 사람이 아무도 없다고 한다. 혼자 우두커니 버스 앞에 서 있는데 알 수 없는 외로움이 밀려온다. 작은 위로라도 얻을까하여 용기를 내 나섰는데 자칫 더 큰 상처를 받을까 걱정이다. 몇 시간을 혼자서 서 있을 수는 없었다. 서울로 돌아가야겠다 생각한다. 그 순간 담당자가 함께 산을 올라보자고 권유한다. 걸을 수 있는 곳까지만 가다가 힘들면 되돌아와도 된다고 한다.

다른 선택권은 없었다. 무릎에 압박붕대를 감고 따라 오른다. 산길은 점점 가팔라진다. 목 없는 돌부처 앞에서 해설사의 설명을 듣는 순간은 쉬는 시간이 되었다. 더 이상 올라가기 어렵겠다 생각한 순간 같이 공부하는 회원들이 주위로 모여 들었다. 만난 지 얼마 되지 않아 아직 잘 알지는 못한다. 한 사람이 내 가방을 들어 주었고 두 분은 양쪽 팔을 잡는다. 그리고 마치 들림을 당한 듯 걷는다. 경사면이 심한 가파른 돌 위를 지날 때는 뒤에서도 밀며 건너뛰듯이 당겨 주었다.

경주 남산은 그리 높지는 않다. 하지만 만만히 볼 산이 아니게 가파르다. 산 전체에 신라시대의 유물이 박물관처럼 분포되어 있다. 몸이 건강하여 자주 가는 분은 별거 아니겠지만 나로서는 멀고도 험한 길이다. 부축해준 그들도 얼마나 힘들면 땀이 비 오듯 한다. 괜히 따라와서 여러 사람을 힘들게 하나 미안함만 가득하다.

산 중턱에서 젊은 여성 둘이 교대하자며 내 팔짱을 낀다. 그리고 여러 가지 이야기를 재미있게 해준다. 그녀는 탈북을 했다고 한다. 가족과 함께 오다 붙잡혀서 다시 북으로 돌아가고 우여곡절 끝에 혼자서 왔다고 한다. 하여 그간의 고생을 듣는데 용기도 대단하지만 마음이 짠하다 못해 아리다. 지금은 남한 총각과 결혼을 하여 두 아이를 낳았다 한다. 남편과 시어머니가 잘해주어 더없이 행복하게 산다며 자랑이다. 또 남한은 먹을 것과 입을 것과 자유가 넘쳐나는 천국 같은 세상인데, 왜 모두들 찡그리고 불만 불평이 많은지 알 수 없다고 했다. 명랑하고 긍정적인 성격이었다. 마치 오래전부터 알던 사이처럼 편안했다. 수술 후 30분 이상 걸어본 적이 없는데 무려 5시간을 넘게 산을 오르내렸다. 여러 사람의 도움으로 처음이자 마지막이 될 그 길을 돌아 무사히 내려왔다.

가을 하늘은 높고 공기는 상쾌했다. 참 이상한 것은 그 산을 오르며 납덩이 같이 쌓여있던 슬픔이 사라지는 것을 느꼈다. 남편이 떠난 것도 혼자라는 슬픔도 그 순간은 잊었다. 도와주는 사람들을 덜 힘들게 해야 한다는 일념뿐, 다른 생각은 끊어졌다.

법문을 시작할 때 "나는 행복한 수행자입니다." 하고 외울 때가 있다. 평소 익숙한 말이 아니라서 어색하여 입속으로 우물거린다. 밀려나듯 상처 많은 시간을 살았기에 행복이 무슨 뜻인지 진정으로 와 닿지가 않았다. 법륜스님과 악수를 하고 풀밭에 앉아 늦은 점심을 먹었다. 노래를 부르고, 즉문즉설을 들었다. 강의를 듣는 몇 백 명은 될 듯한 많은 사람들도 종교를 초월하여 모였다. 목사님, 수녀님, 스님, 일반인들이다. 한 스님의 역량으로 하나가 되어 모여 있는 자체가 감동이었다.

감당하기 어려운 슬픔이 사라지는 듯했다. 사람은 서로를 힘들게 하고 상처를 주고받지만, 치유 역시 사람에게서 받아야 한다는 사실을 알게 된 날이다.

풍경 지우기

오월의 하늘 아래 색색의 꽃들, 찰랑이는 물소리, 지금 이 순간 자연의 숱한 생명들 속에 함께 있다. 덤덤한 성격 탓에 무엇을 절실히 그리워 해 본 적이 없는데 머지않아 이별할 산하는 보고 있어도 보고 싶다.

세월은 무성영화처럼 흘러가는데 마음 한구석 아직도 버리지 못한 무엇이 있다. 누구에게 말한 적이 없는 내 가슴에만 존재하는 아픔이다. 초등학교 졸업하던 날이었다. 친구들은 부모형제들이 와서 졸업을 축하해 주는데 나는 오롯이 혼자였다. 입학도 혼자 했는데 졸업도 혼자라니. 더욱 놀라고 당혹스럽던 것은 담임선생님이 모두에게 졸업장을 주면서 내게는 주시지 않았다. 월사금이 밀려 수업 중에 쫓겨나기가 다반사였지만, 그래도 많은 친구들 앞에서 씻기지 않는 상처가 되었다.

세상의 쌀과 돈은 다 어디에 있는지 우리 집에 있는 것은 빚뿐이었다. 원망도 해보았지만 부모님도 어쩔 수 없었다. 일본에서 힘들게 벌어온 돈을 가까운 친척에게 사기를 당해 다 잃었다. 6년을 결석 한번 없이 다녔고 중학교에 합격을 해 놓은 상태였지만 입학도 못했다. 아무도 말해 주지 않았지만 암담한 내 미래를 어렴풋이 느낄 수 있었다. 집으로 돌아오던 그날의 산길은 아직도 선명하다. 낡은 내 운동화 속으로 눈물이 흘러들어 발을 적시고, 앞이 보이지 않았다. 집에 와서는 졸업을 했다는 사실도, 졸업장을 받지 못했다는 말도 하지 않았다.

다행인 것은 집 뒤에 큰 산이 있었다. 개울이 흐르고 송사리와 풀꽃, 나비와 잠자리는 지천이었다. 빨래를 한다는 핑계를 대며 올라 다녔다. 산에는 돌무덤이 많았다. 마마(천연두)나 홍진이 들어오면 동네아이들이 죽어 나갔다. 옆집에 살던 내 친구도 그곳에 묻혔다. 태어나서 처음으로 좋아했던 아이였다. 그 애가 누워있는 무덤 앞에서 오래 머물기도 했다. 열매를 따서 먹고 메뚜기나 청개구리를 잡으러 다녔다. 자연의 오묘함이나 신비는 알 리가 없었다. 그래도 산의 품에 있을 때는 걱정이 없고 평화로웠다. 빨래에 방망이질을 하다보면 참아왔던 눈물이 개울물과 합세해서 흘러갔다.

전쟁이 막 끝났을 때니 모두들 어려웠다. 엄마는 오빠들을 가르치기 위해 딸들이 공장에 가기를 바랐다. 언니는 착해서 월

급을 받으면 몽땅 집에 갖다 주었는데 나는 그럴 수가 없었다. 낮에 일하고 밤에는 학교에 다녔다. 여러 가지 일을 하도 많이 해서 다 열거하기도 어렵다. 저녁에 학교로 가다보면 수업을 마치고 나오는 친구들과 만난다. 그럴 때는 숨고 싶고 괴로웠다. 늘 피곤에 절어 있었기에 책을 읽지도 지식을 습득하지도 못했다. 다른 어느 곳에 더 넓은 세상이 있는지도 몰랐다. 가족 모두 쉬지 않고 일을 했지만 빚에서 벗어나기는 어려웠다. 억울한 일을 당해도 어디 하소할 곳 없는 힘없는 민초였다.

살아오면서 받은 것이 아무것도 없다며 툴툴거렸다. 하지만 돌아보니 이미 많은 것을 받았음을 알겠다. 전쟁고아들이 길에 넘쳐날 때 부모님이 계셨고 전염병이 돌아 온 동네 아이들이 죽어 나갈 때 우리 형제는 모두 살아남았다. 예방주사를 맞히고 지혜로운 돌봄이 있었다는 증거다.

엄마는 손끝이 야무졌다. 산에 나물을 뜯으려 가면 같은 시간에 다른 사람의 서너 배를 많이 뜯었다. 뜨개질은 선수 수준이었고 동네잔치 집에서는 음식을 만들고 큰상을 보는 일을 했다. 다른 집 아이들이 무언가 얻어먹기 위해 문 앞에 얼찐거리면 떡이나 전을 쥐어주면서, 동생과 내가 기웃거리면 눈치를 주며 쫓아버렸다. 그런 날이면 저녁에 돌아온 엄마에게 혼이 나고 거지습성이 들었다며 매를 맞기도 했다. 내것 아닌 것은 땅에 떨어져 있어도 줍지 말라고 가르쳤다. 늘 배가 고팠는데, 가진 것 아무것도 없으면서 지나친 결벽증이었다.

세상은 아름답기만 한 곳도 인자한 것도 아니었다. 그래도 살만한 것은 알 수 없는 무언의 계산법이 있었다. 비빌 언덕도 없이 어떻게 살까 걱정이 많았지만 좋은 사람들을 많이 만났다. 도움도 받고 입을 것과 먹을 것을 넘치도록 얻었다. 오히려 내 능력보다 너무 많은 것을 받았다. 그것은 무엇으로도 환산할 수 없는 부모님의 바른생활 교육 덕분이라 여겨진다.

살아오며 더한 고통과 상처도 많았는데 유독 졸업식 풍경은 아직도 남았는지 모르겠다. 아무에게도 말하지 못하고 가슴에만 품고 있었기 때문인 것 같다.

해리포터 영화에서 '레비오~사' 하면 나쁜 기억이 사라지는 주문이 있었다. 앙금처럼 남은 풍경이 불현듯 떠올라 슬퍼지면 나도 '레비오사' 하고 외쳐볼까. 그러면 아프면서 그리운 그날이 지워지려나.

나비야

지하철을 막 타려던 참이었다. 순간 바닥에 무언가 탁하고 떨어졌다. 검은 비닐 조각 같았는데 자세히 보니 나비 한 마리다. 뒤를 따라오던 아주머니가 에스컬레이터를 탈 때부터 내 어깨에 얹혀 있었다고 한다. 바닥에 떨어진 나비는 이리저리 휘저을 뿐 날지는 못한다. 마침 전동차가 들어오고 있었다. 망설일 시간이 없는데 그냥 두고 간다면 죽을 것이 뻔하다.

우물거리는 사이 열차는 떠나버리고 난감히 내려다본다. 무릎이 성치 않으니 다시 지상으로 올라가는 일도 쉽지 않다. 하지만 그 자리에 두고 돌아서기에는 발길이 떨어지지 않는다. 휴지에 살짝 감아서 되돌아간다. 검은색에 큰 날개를 가졌고 흰 무늬가 점점이 박혀있다.

4월초이지만 꽃샘바람이 불어 정작 겨울보다 추운 날씨다.

어디서 어떻게 내 어깨까지 왔는지 알 수 없지만 계절을 잊고 일찍 온 것 같다. 어쩌다 홀로 되어 더구나 외로움 가득한 내 어깨를 선택했을까. 또 내가 저를 좋아하는 것은 어찌 알았을까. 한 생명을 반가워하며 안타까워하며, 길옆 화단에 내려놓는다. 날아오르기를 기다리지만 꼼짝하지 않는다.

예전에는 나비가 흔했다. 들과 산에는 모양과 색이 다양한 나비가 지천으로 날아다녔다. 노랑나비 흰나비를 쫓아다니던 기억은 아직도 생생히 남아있다. 초등학교에서는 나비를 잡아 박제해 가는 숙제가 있었다. 이웃집 오빠와 함께 나비를 따라 다녔다. 웃고 뛰어다니던 순하기만 한 시절이었다. 나비는 어떤 방어 무기도 없다. 모시날개 하나 달고 살아가지만 자연에 해를 끼치지 않는다. 입에 달콤한 꿀 조금 물고 꽃들의 생육에 도움을 주니 큰 덕을 지녔다. 나는 붙박이로 바라만 보는 꽃보다 주어진 생애를 마음 내키는 대로 날아다니며 살다가는 나비가 좋다.

가끔은 나비가 보고 싶어 박물관에 간다. 제각각의 모습으로 자유롭게 날아다니는 모습이 그리워서다. 하지만 예전처럼 자연 그대로는 만나기 어렵다. 안타깝게도 바늘 침에 꽂힌 채 박제되어있는 것이 대부분이다.

이제 원하는 것도 갖고 싶은 것도 없다. 하지만 단 하나 아직도 나비 액세서리를 만나면 그냥 지나치지 못해 그 앞에서 서성거린다. 현관 액자에도 몇 마리 날고, 커튼이며, 가구, 벽에도 붙여놓았다. 가만히 바라보고 있으면 어릴 적 뒷동산에서, 또는 냇가에서 놀고 있는 내가 보이고, 봄날 아지랑이 아래 날던 나비도 보인다. 선조들은 일찍이 나비의 덕에 대해서 알아봤다. 그 어여쁨도 일조를 했지만 가벼워지라는 교훈도 있다. 그래서 서화나 시의 소재로 많이 등장한다. 굼벵이에서 번데기로 얼마나 많은 참음의 시간이 필요했을까. 마침내 껍질을 벗고 화려하게 환생하여 비상할 때의 그 환희. 어쩌면 생애 단 한번 그런 순간을 기다렸는지 모르겠다.

싸늘한 바람과 함께 내게로 온 나비는 어깨 짐 내려놓고 훨훨 날아오르라는 무언의 전언이 아니었을까.

2.

다행이다

봄날의 남과 여

오월의 햇볕이 따사로워 계획 없이 집을 나섰다. 연초록 잎은 바람에 살랑거리고 색색의 꽃은 마음껏 피었다. 태어나 여러 십년을 맞이하고 보냈을 봄이지만 이제 바라보는 마음에 여유와 아쉬움이 담겨있다. 남산 어디쯤에 가서 욕심껏 신록의 향기를 즐겨볼 심산이었다. 카드가 짜랑짜랑 두 번 울리며 검색대를 통과한다. 그럴 때면 무어라 설명이 어려운 뿌듯함이 솟는다. 살아온 세월이 헛것이 아닌 듯 보상받는 그런 기분이다. 다행히 6인의 노약자석 한 자리가 비어있다.

젊은 남녀가 내 앞에 선다. 남자는 큰 키에 찢어진 청바지를 입었고 여자는 숱이 많은 긴 생머리를 쓸어 넘기는 7등신쯤의 미인이다. 젊음의 싱싱한 향기, 마치 연둣빛 봄이 따라 들어온 느낌이다. 그런데 둘의 행동이 심상치 않다. 남자가 여자의 얼굴과 머리를 쓸고 만지더니 허리를 끌어당겨 마주 안는다. 연신 눈을 들여다보며 미소 짓고 입을 맞춘다. 여자는 살짝 밀기도 하는데 그 모습이 매력적이다. 남자는 정열을 주체할 수 없는 듯 달아오른 표정이다. 둘 다 말은 없지만 표현에는 거칠 것이 없다. 마치 한 쌍의 원앙이 짝짓기 탐색전 같다. 내 옆의 노인이 민망하다는 듯 연신 입을 쩝쩝거린다. 앞의 할머니는 무어라 말을 할 듯 입을 씰룩거린다. 하필 노인들 앞에서, 그러나 솔직히 나는 그들을 좀 오래 보고 싶다. 그림같이 잘생기기도 했지만 춘정에 겨워하는 젊은 모습이 애잔하기도 하다.

사랑은 은밀해야 한다고 여기는 세대에게는 아연실색할 일이다. 눈이 많은 공공장소에서 둘뿐인 듯 서슴없는 행동은 이해가 어렵다. 공자님 시대에도 요즘 젊은이들은 예의가 없다고 했으니 대중 속에서 왜 그러는지 알 수는 없다. 하지만 젊은이가 봄이 왔는데도 설레지 않는다면 그 또한 큰일이다. 훈풍에 새싹 나고 열매 맺듯 때가 되면 찾아오는 것, 우리는 그때를 알고 충실히 실행하며 종을 이어나간다. 생각하면 남녀의 사랑은 한때의 축복이다. 팔고(八苦)에 시달릴 인간에게 내려주는 잠깐의 행복 호르몬이다. 지팡이에 기대어 앉아있는 어르신들 중에도 사랑에 아파하고 겨워하는 그런 한때가 있었을 것이다. 하지만 옛 사람의 사랑은 직설적이지 않았다. 밤새워 편지를 쓰며 임 향한 마음을 달래고 은근하게 표현했기에 여운이 길었다. 누군가를 향한 그리움으로 밤잠을 설쳐도 사랑한다는 한마디는 끝내 뱉어내지 못하고 아껴두었다.

이은상님의 '그 집 앞'이라는 노래가 있다. 중학교 때 음악선생님이 사랑의 정의를 가르쳐주며 불러주던 노래다. 키가 넘는 담벼락 위로 피어있는 빨간 줄장미, 장독대 사이로 설핏 보이는 그녀의 방, 가지런히 놓여있는 하얀 고무신, 그 앞을 서성이고 오가며 혹시나 한번이라도 만날까, 아니면 그림자라도 보고 싶은 안타까운 마음.

"오가며 그 집 앞을 지나노라면/ 그리워 나도 몰래 발이 머물고/ 오히려 눈에 띌까 다시 걸어도/ 되오면 그 자리에 서 졌습니다." 또 "꿈길밖에 길이 없어 꿈길로 가니 그님도 나를 찾아 길 떠나셨네." 오죽하면 꿈속에서나마 동시에 떠나 노중에서 만나고 싶은 간절함, 혹시나 찾아올까 대문 앞에 귀 모으고 기다리는 순간의 그 아릿한 슬픔은 아직도 가슴 밑바닥 어디에 잠겨있다. 무엇이 그리운지 딱히 모르면서 가슴이 방망이질 쳤던 순간은 분명 있었다.

내가 아버지의 허락을 받고 결혼할 사람과 처음으로 영화를 보러가던 날 엄마는 장갑 하나를 주셨다. 영화를 볼 때 혹시라도 손을 잡히면 큰 흉이 된다며 꼭 끼고 있으라는 당부였다. 나는 그 말을 정확하게 지켰다. 그는 영화 보는 내내 손을 바라보았다. 왜 실내에서 장갑을 끼는지 의아했을 것이지만 묻지 않았고 나도 말하지 않았다. 몇 번 있었던 데이트 기간에도 일곱 발자국 뒤에서 고개를 숙이고 걸었다. 생활 속에 찌들어 언제 사랑이 있었나 싶을 즈음에서야 그때가 생의 황금기였다는 것을 알아챘다. 계절도 사랑도 그렇게 짧게 왔다 간다는 것을 도무지 몰랐으니.

요즘 젊은 그들의 사랑은 직설적이다. 언제부터 알았다고 장소를 가리지 않고 자석처럼 끌어당긴다. 하지만 사랑은 움직인다고도 한다. 미칠 듯 사랑하다가도 원수인 듯 싸우고 돌아서는 것도 남녀사이다. 첫 마음을 그대로 간직하는 것은 이루지 못한 첫사랑 속에서만 가능하다. 나이 70을 넘겨 팔순이 다 되어 가는데 첫사랑과 헤어진 이야기를 하며 우는 할아버지를 보았다. 생애 중에 찾아오는 사랑은 각박한 세상을 살아내야 하는 인간에게 신이 주는 보너스가 아닐까 한다.

그들의 애정행각은 지치지도 않는다. 마주 안고, 눈을 맞대고, 머리를 쓸어주고, 귓불을 만지고, 키스하기를 반복한다. 다행인지 두 연인에게 시비 거는 사람은 없다. 내 눈은 작고 안경까지 썼으니 안보는 척하고, 앞의 할아버지들은 자는 척, 두 할머니는 소곤거린다.

보는 사람 모두 지쳐갈 때쯤에 내가 내리는 역에서 그들도 내린다. 지상으로 나오자 파란 하늘 아래 연두색 잎들이 일제히 춤을 춘다. 빌딩 숲 사이로 흐르는 부드러운 바람이 사람을 애무한다. 멀찍이 따라가며 그들을 바라본다. 모처럼 잘 어울리는 한 쌍, 봄날 속에서 행복한 추억 만들기를 바라면서. 그런데 웬일인지 둘은 잡은 손을 놓고 반대방향으로 돌아선다. 지하철에서 본 것이 진실이라면 분명 찻집이나 남산으로 올라야 하는데….

나는 둘이 동시에 한 번 더 돌아보기를 간절히 기다린다. 헤어지기 아쉬워하는 눈빛을 느껴보고 싶었다. 하지만 한 번 돌아선 그들은 끝내 뒤돌아보지 않았다. 남산 길을 혼자 타박타박 오른다. 아! 길도, 풍경도, 사랑도 예전 같지 않고 나는 어디로 갈지 몰라 우두커니 서 있다.

낭만에 대하여

세월 참 빠르다. 남편이 떠난 지 1년이 넘었다. 간다는 말 한마디 할 새도 없이 헤어졌는데, 시간이 지나며 황망(慌忙)했던 마음은 조금씩 흐려진다. 어느 날 라디오에서 음악이 흘러나온다. 그가 즐겨 부르던 노래다.

젊어 그는 노래를 좋아하고 잘 불렀다. 목소리가 시원해서 모임에 가면 가수라는 칭호를 들었다. 남인수씨를 좋아했지만, 세월이 지나며 최백호의 '낭만에 대하여'를 자주 불렀다. TV에서 그 멜로디가 흘러나오면 큰소리로 부르고, 나도 함께 흥얼거리며 따라 불렀다.

특히 가사가 썩 마음에 든다고 했다. 탱고 리듬을 좋아하기도 하지만 '궂은 비 내리는 날, 옛날식 다방에 앉아, 도라지 위스키 한잔에다 짙은 색소폰 소리를 듣는다. 빨간 립스틱의 마담에게 실없이 농담을 하고, 새삼 이 나이에 실연의 아픔이야 있겠냐마는, 첫사랑 소녀는 무엇을 하며 어디서 늙어 가는지 궁금하다. 청춘의 미련은 떠났지만 왠지 한곳이 비어 있다는' 것이 노래의 주제다. 어쩌면 인생의 중반을 넘어선 장년층의 심정을 대변해 주는 것 같다.

남편은 중년 들어 갑자기 목소리가 쉬고 말이 잘나오지 않았다. 병원에 갔더니 성대에 폴립이 생겼다한다. 과로한 탓이었다. 종양을 제거하는 수술을 한 후로는 노래를 부르지 못했다. 모임에서 2차를 갈 때쯤이면 슬쩍 일어났다. 나는 그가 노래를 부를 수 없게 되었다는 사실을 심각하게 받아들이지 않았다.

어느 해, 부부가 함께 어떤 행사에 참석했다. 구민 1만여 명이 모여 있는 큰 잔치였다. 노래자랑 대회가 있었고 이름만 들어도 알만한 가수들도 줄줄이 올라왔다. 당시 행사의 장이었기에 사회자는 중량의 가수 운운하며 거창하게 남편을 소개했다. 청중들은 박수를 치고 그는 무척 난감해 하며 떠밀리듯 무대에 섰다. 그날 인사말과 더불어 '낭만에 대하여'를 불렀다. 하지만 목소리가 들리지 않았다. 어떻게든 불러 보려고 애를 쓰고 있지만 반주만 요란할 뿐 카랑카랑한 음색은 어디에도 없었다. 그 순간 앞뒤 분간할 겨를도 없이 내가 무대로 뛰어 올라섰다. 나라고 나을 것이 없는데 어디서 그런 용기가 났는지 모르겠다. 부끄럼도 잊은 채 같이 노래를 부르며 안타까운 순간을 견뎌야만 했다. 그 일이 있고 그는 무척 우울해했다.

"말할 수 있는 것만 해도 감사하지, 그깟 노래 못하면 어때서요."

나는 위로랍시고 했다. 그 마음 어떤지 깊게 살피지는 못한 미안함이 아직도 가득하다.

생활은 여유를 허락하지 않았다. 쳇 바퀴 같은 하루를 보내며 일상에서 해방될 날을 꿈꾸었다. 제주도에서 한 달만 살아보는 계획이 있었지만 그 작은 꿈도 이루지 못했다. 혼자서 노래 연습을 하는 것을 더러 보았지만 이미 기능을 잃은 목소리는 돌아오지 않았다. 자유를 꿈꾸고 낭만을 그리워했지만 느슨하게 즐길 틈이 없었다.

우리 인생 늘 모자라고 한곳이 비어있다. 참 좋은 어느 날이 따로 있을 줄 아는 어리석음을 반복하며 오늘을 산다. 서로 바라보며 함께 노래를 부르던 순간이 꽉 찬 삶의 한가운데였다는 것을 이제야 알겠다.

(2018년)

다행이다

명절에 가족들이 모였다. 모처럼 만난 친지들은 맛있는 음식을 먹으며 이런 저런 이야기꽃을 피운다. 그런데 갑자기 40대의 조카가 비장한 표정으로 "숙모님 지금의 젊은이에게는 미래가 없습니다."라고 말한다. 직업을 얻기 어려울 것이고 결혼을 하기도 집을 사기도 아이를 낳기도 쉽지 않을 거라 한다. 경쟁은 치열해지고 암울한 시대를 맞아 힘들 거라 단언하듯 말한다. 주변에서도 그런 말을 가끔 들었기에, 왜 그렇게 생각하느냐고 물었더니 정치를 잘못하고 있기 때문이란다.

안주삼아 정치하는 사람들을 성토하는 것은 이제 하나의 문화가 되었다. 우리는 사건과 사고를 많이 겪으면서, 갈지자로 구르면서도 목적을 향해 달려왔다. 돌아보면 왜구의 계속된 침략으로 36년을 속국으로 살았고, 해방이 되고도 동족전쟁이 나서 헤아릴 수도 없는 많은 사람이 죽었다. 혁명이 나고 군부가 들어왔을 때는 절망했지만 그래도 발전하고 나아졌다는 것은 부인할 수 없다. 내가 자란 4, 50년대에는 밀가루도 귀해서 보리, 옥수수, 꿀꿀이죽을 먹었다. 냄비 하나씩을 들고 죽을 사기 위해 길게 줄을 서 있던 일이 어제같이 선명하다. 나중에 그 죽이 미군이 먹다 남긴 음식찌꺼기 모음이었다는 것을 알았을 때의 황당함이란, 아이들은 학교 대신에 길거리에서 장사를 하고 아니면 공장으로 갔다. 낮에는 일하고 밤에 학교를 다녔으니 나도 그중의 한 사람이다.

젊은 그들의 고뇌를 모르는 것은 아니다. 함께 사는 세상이기에 상대적인 빈곤을 느낄 수 있다. 주변은 다 행복해 보이는데 왜 나만 힘든가에 대한 불만이다. 하지만 좀 더 잘살고 못사는 차이지 지금은 헐벗고 배고픈 사람은 많지 않다. 오천년 역사 중에 지금처럼 풍요로운 때는 없다고들 한다. 백화점이나 시장에 가보면 먹을거리와 물건이 넘쳐난다. 이렇게 흥청망청 자연을 끌어다 쓰다 어느 날 그 모든 것이 순간에 사라지지 않을까 그것을 걱정한다.

노파심이지만 절망의 말을 달고 사는 젊은 그들에게 잔소리를 좀하고 싶다. 내가 아이 넷을 키울 때는 한 명에 도시락을 두 개씩 싸야했다. 냉장고가 있을 리 없으니 자율학습 시간에 먹는 저녁은 쉬어터지기 일쑤였다. 지금은 도시락 싸는 엄마도 없다. 손녀가 소풍을 가는데 빈손으로 나서기에 점심은 어떻게 하느냐고 물었더니 합동으로 모두 제공된다고 한다. 그러니 여성들은 삼삼오오 모여 맛있는 식당을 찾아다니고, 음악이 흐르는 카페에서 우아하게 커피를 마신다. 미래가 없다고 말하는 그들의 손목에는 하나같이 명품 시계가 매달려 있고 고급자가용차를 타고 다닌다.

젊은 엄마들이 아기에게 종이기저귀를 갈아주는 것을 볼 때면 불현듯 억울한 생각이 든다. 매일 몇 십장씩의 면기저귀를 손으로 빨며 어떻게 하면 이 노릇에서 벗어날 수 있을까 생각했다. 누군가의 상상이 현실이 되듯 한번 쓰고 버리는 기저귀가 나왔다. 이제 필요도 없는 기저귀 한 묶음을 사서 선반 위에 두고 가끔 꺼내어 만져본다. 그 기능적이고 보드라운 촉감을 느끼며 시대를 잘못 만난 분한 마음을 가라앉힌다. 여자들의 위상도 높아졌고 집안일도 반으로 줄었다. 그래도 힘들다고 한다. 하루 종일 일하고 온 아빠들은 집에서 쉬어서는 큰일 난다. 집안일을 거들고 아이들과 놀아주어야 한다. 그렇지 않으면 아내들은 언제 이혼장을 들이밀지 모른다. 찬물 한 컵 직접 떠먹지 않는 고전적인 남편을 둔 나는 그럴 때 조금 늦게 태어났으면 좋았을까를 상상한다.

하지만 내 어머니 시대를 생각하면 모골이 송연해진다. 그때는 농사를 짓고 베를 짜고 삯바느질을 하며 아이들을 키웠다.

몸과 손이 쉬는 날은 없었다. 손이 재바르지도 음식도 못하는 나는 아마 더 큰 고생을 했을 것이 분명하다. 그래서 지금이라 다행이다. 큰 수술을 여러 번 했으니 분명 30대에 죽었을 것이고, 40대 중반부터 이가 빠졌으니 푹 꺼져 쭈글거리는 뺨에 밥을 넣고 우물거릴 상상을 해보면 의학의 혜택이 충분한 지금이라서 다행이다.

전쟁으로 파괴되어 아무것도 없던 빈 땅에, 굴러다니던 나무조각이며 유리조각도 주워보았다. 또 풍요가 넘치는 세상도 살고 있으니 어쩌면 좋은 시절을 누리나싶다. 세상은 정치가가 끌고 가는 것이 아니다. 독일이 통일된 것도 결국에는 거대한 민심이 천심이 되어 이루어진 일이었다. 젊은 그들도 곧 알게 될 것이다. 너무 앞질러 걱정할 것이 없다는 것을, 미래의 아이들은 더 좋은 환경에서 잘살 거라는 것을 믿어본다.

(2015년)

노점상 그 여자

여자는 우리 아파트 상가 담벼락에 화석처럼 붙어서 장사를 한다. 진한 전라도 사투리를 쓰고 푹 퍼진 몸매에 카키색전대를 허리에 둘렀다. 팔고 있는 물건은 함지박, 등잔대, 부채 같은 민예품이나 유리로 만든 목걸이, 팔찌 등이다. 지금 살고 있는 아파트로 이사 오면서부터였으니 햇수로는 30년쯤 되었다. 굵은 허리에 파운데이션을 허옇게 덧바른 모습은 동그란 러시아 목각인형을 연상시킨다.

올겨울은 유난히 춥고 눈도 많았다. 여자는 더위와 추위를 막아줄 가림막 하나 없는 길에 혼자 서 있다. 물건을 펼쳐놓은 담벼락은 바람기세가 등등하다. 그 한가운데 장승처럼 버티고 서서 웃고 있다. 얼굴은 얼어 푸르뎅뎅 함지박만한데 무엇이 즐거운지 사람만 만나면 입이 찢어진다. 살다보면 기쁠 때도 슬플 때도 말하기 싫을 때도 있으련만 무심히 지나가는 사람도 불러 세워 인사를 하고 말을 건넨다. 노인들에게는 음료수를 내어주고 옷이 예쁘다, 건강해진 것 같다며 덕담도 잘한다.

요즈음은 장사가 잘 안되는지 종일 무료하게 서 있는 모습을 자주 본다. 그래도 늘 활기에 넘쳐 지쳐있는 모습은 만나기 어렵다. 노점상이니 일이 끝나는 늦은 저녁이면 물건들을 한쪽 벽에 쌓아놓고 비닐천막을 씌어두고 돌아간다. 그 과정이 여간 번거롭고 고단한 일이 아닌데 다음날 다시 끌러 일일이 펼쳐놓는 것을 보면 답답할 때도 있다. 긴 세월 장사를 했으면 작은 가게라도 얻어들어야 옳지 않느냐는 것이 내 생각이다. 처음 이사와서는 팔고 있는 물건에 관심이 많아 자잘한 것들을 사기도 했다. 하지만 이제는 버릴 일만 남아서 사줄 것이 없다. 새로운 제품이 들어오면 그것이 어디서 어떻게 만들어져왔다는 유통경로를 자상하게 설명해준다. 시아버지가 직접 민예품을 만든다고 하고, 부채나 접시는 남도의 장인들이 보내준다고도 한다. 또 여름에는 빤짝이는 핀이며 장신구를 진열해 놓고 젊은 여성을 공략하는 나름의 상술을 펴기도 한다.

어느 날씨 좋은 여름저녁 얼음과자를 입에 물고 둘이 마주서서 제법 긴 이야기를 나누었다. 많은 사람이 들락거리는 곳이다 보니 동네 돌아가는 사정을 누구보다 잘 안다. 매사 정보에 어두운 내가 새 소식을 전해 듣는 곳이기도 하다. 보기와 달리 여자는 정치, 경제면에서 두루 아는 것이 많다. 가끔은 서로 정치견해가 달라 갑론을박 논단을 펼치기도 하지만 그래봐야 결론을 얻기 어렵다. 대화는 바뀌어 이제는 노점상을 접고 상가를 얻어 편히 장사를 해보면 어떠냐고 물어본다. 여자는 형편과 상관없이 지금 이대로가 좋다고 한다. 계절의 변화를 직접 몸으로 느끼고 오고가는 사람을 만날 수 있는 최고의 공간인데 왜 비싼 돈들이며 실내로 들겠느냐며 오히려 되묻는다.

늘 똑같은 옷, 여름에는 면티, 겨울에는 붉은색 낡은 점퍼 하나로 견디지만 위축된 모습은 찾을 수 없다. 놀라운 것은 젊어서 그녀는 음악을 전공했다고 한다. 지금도 일주일에 한 번 지방의 한 대학에 음악이론 강의를 다닌단다. 여자가 젊은 대학생들 앞에서 강의하는 모습은 상상이 잘 안 되지만 여러 가지 정황으로 강사의 자격이 있는 것은 분명하다. 그 틈을 비집고 평소 궁금했던 것을 슬쩍 물어본다.

"엄마가 없는 시간에 아이들은 누가 돌보고 키웠나요."

눈만 뜨면 집을 나와 늦은 저녁에야 돌아오는 엄마를 둔 가족들의 고충은 오죽할까싶은 노파심이다. 또 늘 해맑은 얼굴이라도 걱정거리 하나쯤은 있을 거라는 인간의 심통이 작용한 면도 있다. 그녀는 좀 망설이더니 아이들은 벌써 대학을 나와 세상 속으로 나갔다고 한다. 두 아이는 우리나라 최고명문 S대학을 졸업하고 아들은 의사로서 수련중이고 딸은 법학을 전공해

로펌에 근무한다고 한다. 여자가 대학에 강의를 다닌다고 말한 것보다 더한 충격이요 놀라움이다.

대한민국은 지금 현재 부모가 자식들에게 올인하는 시대다. 잘살든 못살든 이 순간도 유명학원을 찾아 아이들을 차에 싣고 달린다. 공부 이외에 운동, 피아노, 미술을 가르쳐야 하는 우리 사회의 교육은 부모와 아이 모두를 힘들게 한다. 옛날에는 개천에서 용이 난다고 했는데 요즈음은 강남에서 용이 난다는 말이 있다. 부모의 열성과 재력이 합쳐져야 잘 키울 수 있다는 풍자다. 하지만 그런 것 전혀 필요 없는 아이들도 있다는 것을 여자는 말한다. 들어보니 그녀의 교육에는 특별한 것이 있었다. 어릴 때 아예 집안 경제사정을 자세히 설명해주고 현실을 어떻게 타개해야 할지 대화로 상의한다. 그 결과 아이들은 엄마가 없는 빈집을 지키고 스스로 집안일을 한다. 학비를 보태기 위해 아르바이트를 하고 무섭도록 절약하는 습관이 생겼다. 공부하라는 말을 한 적이 없고 무슨 일이든지 자신이 되고 싶은 만큼만 노력하라고 조언을 했다. 그 결과 아이들은 믿어주는 부모를 실망 시키지 않기 위해 자신들의 사회적인 위치를 높이고 부모에게는 자랑스러운 아들딸이 되었다.

나이가 좀 위라는 이유로 잘난 척 조언을 아끼지 않았는데 가슴속까지 부끄러워진다. 나는 가난이 대물림 될까봐 걱정하면서도 될 수 있으면 고생을 시키지 않으려 했다. 또 항상 참고 양보하라 말했는데, 세상 속에서 채이고 밟히며 힘들어 하는 것을 볼 때마다 부족한 교육 때문이 아니었나 싶다.

노점상여자는 정년이 없다했다. 움직일 수 있는 오늘, 기쁘게 일을 계속한다는 것이 계획이란다. 태어나 무엇 한 가지 생산하고 팔아본 경험이 없는 내가 보기에 지혜롭고 강인한 여성이다. 긴 세월 소리 없이 살아온 여자들이 이제 재능을 발휘하며 세상의 중심에 서 있다. 여성 법조인, 여성 육사생도, 경제를 손에 쥔 똑똑하고 대찬 여성들이 도처에 가득하다. 그녀도 경제를 떠받치는 하나라 생각해본다. 오늘도 노점상 앞을 지나면 여자의 환한 미소가 내 뒤를 길게 따라온다.

(2012년)

다정도 병이네

오래전부터 인도에 한번 다녀오고 싶었다. 기다리는 사람은 없지만 그곳만 생각하면 떠나온 고향을 그리워하는 그런 마음이다. 갠지스 강가의 여러 모습도 보고 싶고 부처가 태어난 곳 룸비니는 어떤 곳일까 상상해본다. 여행은 젊어서 가야한다는데 기회는 쉽게 찾아오지 않았다. 날을 받아 신청을 해놓으면 그즈음 무슨 사정이 생겼다. 몇 번인가 계약과 취소를 반복하다 인연이 없다 생각할 즈음에 옛날 살던 동네의 친구들과 함께 갈 기회가 왔다.

일정은 네팔에서부터 시작되었다. 그곳은 고산지대라 길이 험했다. 에어컨도 나오지 않은 버스를 타고 비포장 길을 덜컹거리며 10시간씩 달렸다. 아슬아슬 산허리를 두르는 버스는 한치 앞을 보장 못한다. 길옆으로는 버스며 트럭이 사고로 뒤집히고 부서진 것들이 보였다. 순간에 생과사가 갈리겠다는 불안이 들지만 모든 것은 순리에 맡길 뿐이다. 눈만 뜨면 짐을 싸고 낯선 곳을 향해 길을 떠나는 것, 역마살 낀 내가 꿈꾸던 일이다. 무릎만 아프지 않다면 더 없이 좋겠다 싶지만 인생어디에 만족한 순간이 있었던가. 주어진 환경에 적응하며 여행지의 낯설음에 적응한다.

찌는 태양 아래 강렬한 색의 사리를 입은 여인들이 거리를 매우고, 릭샤를 타고 돌아본 동네는 언젠가 꿈속에서 본 풍경과 맞닿아있다. 차와 자전거와 사람이 부딪힐 듯 섞여 큰 사고로 이어질 것 같지만 묘하게도 잘 피해 다닌다. 작은 여자아이가 남루한 옷을 입고 길에서 곡예 같은 춤을 춘다. 구경하는 사람들이 박수를 치며 돈을 주었지만 어디선가 남자가 나타나 모두 빼앗아갔다. 아이의 눈에는 두려움이 가득하고, 더운 땀을 닦는 여행객의 심정은 편치 않다. 인간이 있는 곳은 불의가 존재한다며 주먹을 쥐지만 모두들 못 본 듯 돌아선다.

이른 새벽 갠지스를 보기 위해 강가로 갔다. 저쪽 강 너머에서 붉고 큰 해가 떠오르고 반대편 건물에선 황금 물이 뚝뚝 떨어진다. 그 빛을 받으며 한편에서는 기도하고 목욕하고 한쪽에서는 시신을 태운다. 천에 싸인 시신들은 계단을 따라 줄을 서 누워있고 장작의 높이에 따라 살았을 때 돈이 있고 없음을 표시된다. 태워지는 시신들이 어디서 오느냐고 물어보니 멀리서 오는 것도 있지만 대부분은 떠날 때를 예감하고 미리 와서 기다린다고 한다. 한 아기가 어머니의 품에 안겨 강물에 머리를 적신다. 이 순간도 새 생명은 태어나고 또다시 갠지스의 물로 되돌아가는 모습이 투명한 영상으로 각인된다.

한쪽에는 몸에 온갖 칠을 한 발가벗은 자이나교인들이 줄줄이 앉아있다. 새벽의 쌀쌀한 바람에 몸을 꼬거나 비틀거나 한쪽 다리를 매달거나 갖가지 방식으로 포즈를 취했다. 자신의 몸을 왜 저토록 학대하나 싶지만 깨달음을 얻기 위한 수행중이라니 인간의 사고는 그 깊이를 알 수 없다. 젊었을 때라면 쑥스러워 외면했겠지만 이제는 좀 뻔뻔해졌다. 2달러를 주면 같이 사진을 찍어주겠다고 제안이 들어와 얼른 찍었다. 현상한 사진을 보니 남자의 중요 부위를 머리 위 상투와 연결해 끈으로 묶어 놓았다. 한참을 웃다 소똥을 밟고 또 웃고 길 위에서의 추억 만들기는 그렇게 순간순간 찾아왔다.

여행의 정점은 코나라크사원에서다. 붉은 돌의 사원은 단단하게 지어져 웅장하고 아름다웠다. 벽에 가득한 돌조각들은 남여 사랑의 표현으로 에로틱의 진수를 보여주고 있다. 왜 인도인들은 신성해야할 장소에 내밀한 인간의 모습들을 거리낌 없이 표현했을까, 그 이유는 힌두교 경전인 베다에 표기되어 있다고 한다. 세계는 브라흐마, 비슈누, 시바의 신으로 이루어져 있고, 신화 속의 3신은 모두 남성을 상징한다. 그래서 여성의 신인

샤크티와의 결합을 통해 악의 신 푸루샤를 물리칠 수 있다고 믿었다. 남녀의 결합이야말로 우주 생명의 원천으로 가장 높은 에너지를 가졌다는 것을 상징한다. 설명을 들으며 조각상들을 보니 사랑을 중히 여기는 인도인들의 해학이 묻어날 뿐, 상스럽다는 생각은 사라졌다.

그리고 인도의 사랑이 현실로 화현한 것이 타지마할이다. 하얀 대리석으로 지은 궁전은 무굴제국의 황제 샤 자한이 아내를 위해 지은 궁전무덤이다. 나는 그곳에서 아름다운 동화 한 편을 보았다. 뭄바이마할은 스무 살 나이에 왕비가 되었다. 왕비는 지혜가 뛰어나고 왕과 백성을 사랑하는 여인이었다. 왕은 궁전 안의 어여쁜 많은 여인들을 거들떠보지도 않고 오직 한 여인 아내만을 사랑했다. 19년 동안 같이 살며 무려 14명의 아이를 낳고 열다섯 번 째 아이를 낳다가 왕비는 죽었다. 다정도 병이란 말은 이럴 때 쓰는 것인가, 줄곧 아이만 낳다가 39세의 꽃다운 나이에 세상을 떠났다한다. 후궁도 더러 사랑했다면 좀 더 오래 살 수 있지 않았을까하는 부질없는 생각도 해본다.

왕은 애통해하며 식음을 전폐하다가 강 저편에 왕비의 무덤을 짓기 시작한다. 사랑하는 아내를 검은 지하에 묻을 수가 없었다. 궁전 안에는 나란히 안치되어있는 두 개의 관이 있었다. 왕의 관은 크고 탄탄하여 믿음직스럽고 보석 꽃으로 장식된 왕비의 관은 작으면서도 우아하다. 마치 남자의 넓은 어깨가 여자를 다정히 감싸 안고 있는 그런 느낌이다. 벽은 바람이 드나들 수 있게 구멍이 숭숭하고 조각된 꽃과 나비는 아침햇살과 저녁 바람에 살아나 한바탕 춤출 것 같다. 그 유명한 이집트의 피라미드도 무덤 안에는 태양이 들지 않는데 부부는 새소리, 바람소리, 빗소리를 들으며 영원의 세계에서 함께한다. 아름다운 동화는 무심히 살아온 가슴을 적신다.

궁전을 짓느라 나랏돈을 탕진한 왕은 아들에게 감금당하고 마침내 죽음을 맞이한다. 하지만 후손들에게는 위대한 세계문화유산을 남겼으니, 옳고 그르다는 개인의 잣대를 들이댈 수는 없다. 사진 몇 장으로 아쉬움을 달래며 돌아섰다.

(2013년)

나그네들

인도를 여행 중이었다. 땅은 넓고 자연은 아름다웠지만 사람들의 삶은 척박해 보였다. 길 양쪽으로는 조악한 물건들과 음식을 파는 상가가 이어졌다. 매연을 뿜으며 달리는 차와 릭샤(자전거가 끄는 마차)가 엉킨 길은 혼란스러웠다. 그 속에 소와 돼지도 한자리를 차지하고 차와 사람 사이를 어슬렁거렸다. 개울에는 물보다 쓰레기가 더 많았다. 쓰레기더미 위로 개와 돼지들이 먹을 것을 찾아 주둥이를 땅에 박고 있었다.

버스가 시장입구 같은 곳에 여행객을 토해놓았다. 날씨는 덥고 습도는 높았다. 여인들의 옷 빛깔은 청홍과 노랑으로 화려해서 잠자리 날개를 연상시켰다. 이상한 치장을 한 늙은 여자가 큰 눈을 뒤집고 무언가 주문을 외우며 기도를 하고 있었다. 우리나라의 굿 아니면 마당놀이 같은 모습인데 음식상차림은 보이지 않았다. 색색의 사리를 입은 여인들, 하지만 얼굴에 미소는 찾을 수 없고 왠지 슬퍼보였다. 경을 읽고 주문을 외우는 소리. 그것은 생의 애환을 목으로 토하는, 가락이 슬픈 노래 같았다. 나중에 들으니 떠나간 가족이 좋은데 갔는지 그곳에서 행복한지 영매에게 묻는 중이라 했다.

홀린 듯 구경을 하다 그 옆에 검은 비닐이 땅바닥에 넓게 깔려있는 것을 보았다. 누군가 '악' 하고 소리를 치기에 가까이 가서 보니 그것은 비닐이 아니었다. 소 한 마리가 죽어있었고 비닐로 보이는 것은 새카맣게 달라붙은 파리 떼였다. 모두들 놀라서 코를 쥐고 흩어졌다. 하지만 그들은 아무렇지도 않는 듯 하는 일을 그대로 했다. 아이들은 뛰어다니고 사람은 무심한 일상에 잠겨있었다.

인도는 가는 곳마다 묘한 분위기로 신비스러움을 자아냈다. 돌로 지은 거대한 궁전을 여럿 보았는데 외벽에 남녀의 사랑모습을 에로틱하게 조각해 놓았다. 생명의 탄생과 풍요를 의미하는 것 같은데 내 눈에는 좀 과장되게 보였다. 여행객들은 그 양각의 조각에 도취되어 동영상을 찍으며 낄낄거렸다. 일행 중 한 남자가 피곤이 싹 가신다는 소리를 거듭했다. 역시 사랑은 큰 에너지로 작용하는구나 싶었다.

갠지스 강가에는 어디서 왔는지 모를 사람들이 모여 군중을 이루고 있었다. 늙었거나 아니면 병으로 인해 머지않아 죽음을 맞이할 사람들이라 했다. 신성한 갠지스 강에서 죽고 태워져야 내생에 더 나은 모습으로 거듭 날 거라는 믿음 때문이다. 죽음을 기다리는 표정이 어찌 그리도 평화롭고 담담한지 잠시 그 옆에 앉아보았다. 서서 바라보는 강과 앉아서 보는 강 풍경이 많이 다르다는 것도 그때 알았고 떠나기 싫어 미적거렸다.

시인 '누옌 콩 트루'의 시 한 구절이 떠올랐다.

> 지난날 많은 이들이 앉아있던 같은 자리에 나 오늘 앉아있네.
> 천년 뒤에도 여전히 사람들은 앉아 있겠지.
> 노래하는 자 누구이며 듣는 자 누구인가.

내가 잠시 앉았던 자리에는 곧 누군가 앉을 것이고, 왔다간 흔적은 어디에도 남지 않는다.

어슬렁거리며 다니는 동물들은 사람을 피하지 않았다. 어쩌면 우리나라 동물보다 행복하겠다는 생각이 들었다. 불교에서는 지구를 '남염부주 사바세계'라고 부른다. 누군가의 몸을 먹고 내 몸이 유지되기에 지옥도 중의 하나라고 가르친다. 서로를 죽고 죽이며 그 몸을 먹고 살기에 죄를 짓지 않고 살 수가 없다. 하지만 결국 모두는 받고 주기 때문에 종내에는 잃을 것도 없고 얻은 것도 없다. 영문도 모르고 태어나 사육되다가 누군가의 먹이가 되는 것이 동물들의 정해진 삶이다. 어쩌면 사는 동안은 자유로우니 그대로 두는 방법이 옳은지도 모르겠다.

죽은 소를 보고 충격을 받아 밥을 넘기지 못하겠다고 너스레를 떨었지만 오히려 체중은 늘었다. 소고기는 종교의 이유로 먹지 않지만 돼지와 닭은 끼니마다 올라왔다. 맛있게들 먹으며 그 고기가 한때의 생명이었다는 것도 잊었다. 심지어는 길거리에 방치된 개와 돼지를 보고 침을 흘리는(물론 웃으려고 한 말이지만) 일행들도 있었다. 생각하면 사체에 파리가 들끓는 것은 지극히 당연한 자연 현상이다. 우리는 마치 그런 흉한 꼴을 처음 본다는 듯, 더러운 것과는 거리가 먼 듯, 오물을 만들지도, 배설도 않는 듯, 죽은 소를 방치한 것을 다투어 성토했다.

여행이 끝나고 마음에 남은 것은 거대한 궁전도 아니고 부처님 탄생지도 아니었다. 존재하는 모든 것은 다 쓰임이 있고 필요 없는 잉여의 생명은 없다는 것이고 파리도 부여받은 의무를 충실히 이행하는 중임을 안 것이었다.

마음이 갈피를 못 잡고 흔들릴 때 그날의 풍경을 떠올린다. 그러면 생이라는 덧없음의 실체가 보이고 출렁거리던 마음이 잠잠해진다. 길을 메우고 흘러가는 차와 사람과 동물, 애쓰지 않아도 때가 되면 사라지는 나그네들.

(2014년)

해운대 그 집

한여름 모처럼만에 부산해운대를 찾았다. 변함없이 바다는 푸르게 출렁거렸고 해변은 사람들로 넘쳐났다. 해질녘 일행 틈을 빠져나와 어디쯤인지 알 수 없는 골목을 기웃거렸다. 여기던가, 저기일까 처녀 적 한때 살았던 그 집을 가늠할 수 없었다. 들어가는 양쪽 골목으로는 낮은 돌담이 이어져있고 줄장미가 흐트러지던 곳, 그 집은 길의 양 갈래를 어깨 삼아 걸쳐있었다. 마당에는 제법 큰 정원이 있고 여러 종류의 나무와 꽃이 자랐다. 남향의 거실에는 그 시절 보기 어려운 큰 유리창이 이어져 있었다. 마당에는 하루 종일 햇빛이 머물고 마루에는 야채며 고추가 순서를 달리하며 건조되었다.

지금은 둑을 쌓아 모래가 쓸려가 좁지만 그 시절 해운대해변은 끝이 보이지 않게 넓었다. 바다까지 걸어가는 길에는 야생초가 가득하고 햇볕에 달구어진 모래는 뜨겁게 발을 간질였다. 방안에 누워 있으면 철썩철썩 파도치는 소리가 꿈결처럼 들렸다. 밤바다에 서면 별들이 다이아몬드방울을 매달고 내려다보았다. 백사장 가까이 하야리아부대에 미군이 주둔해 있었고 크리스마스나 무슨 축제 때가 되면 불꽃놀이를 했다. 온갖 트리장식과 함께 마치 하늘에 불새가 날아다니는 듯했다. 아버지는 그 부대에서 소방차를 운전했다.

하지만 아쉽게도 그 집은 우리 소유가 아니었다. 평생 집 한 칸 없이 남의 집을 떠돌던 가족에게 보이지 않은 손이 덤처럼 챙겨준 잠깐의 행운이었다.

내 의식이 처음 생겨 여기가 어디일까, 왜 여기 있을까 생각한곳은 범천동이라는 곳이다. 동네 가운데는 기차가 다니고 주변에는 다닥다닥 게딱지같은 집들이 이마를 맞대고 있었다. 그곳은 주로 일본에서 살다 해방이 되어 돌아와 정착해 사는 사람이 많았다. 부모님 역시 시즈오까에서 20여 년을 살다 해방이 되어 고향으로 돌아왔다. 아버지는 제법 많은 재산을 모아 왔지만 사기를 당해 모든 것을 잃고 말았다. 전쟁이 나고, 빈손으로 내려와 정착한 곳이 문현동과 범천동이다. 지붕은 루핑이라는 기름먹인 종이로 되어있고 벽은 나무로 얼기설기 엮어 만들었다. 비라도 많이 내리면 땅은 신발을 삼키고, 가재도구는 부엌을 벗어나 길에까지 떠다녔다. 그릇 몇 개는 늘 방으로 들어와 밤새 빗물을 받아내야 했다. 그래도 크게 가난을 느끼지 않고 자란 것은 집 뒤에 황령산이 있기 때문이다. 큰 고랑에는 맑은 물이 사철 흐르고 야생초며 쑥이 지천으로 널렸다. 여름이면 빨래를 이고 산을 오르고 청개구리를 잡아 결핵을 앓고 있는 이웃아저씨에게 갖다드리기도 했다.

집안 사정을 알 수 없는 자식들은 이사 가자는 말을 노래처럼 불렀다. 어차피 남의 집에 살 바에야 환경이라도 좋은 곳으로 가자는 나름의 의견이었다. 매사 소심한 부모님도 마침내 결단을 내리고 선택한 곳이 아버지 직장이 있는 해운대였다. 예전에 살던 집과는 비교가 안 되게 주변 환경이 좋았다. 대문안쪽 양편으로 온갖 나무와 화초가 있고 넓은 창과 함께 뒤란에는 우물이 있었다. 방들 역시 모두 밝고 아담했다. 나는 처음으로 내 방이라는 것을 가지고 안정된 사춘기를 보냈다. 낮이면 달맞이고개로 게를 잡으러가고 밤이면 바다에 홀려서 일없이 돌아다녔다. 머리에 하얀 수건을 쓰고 마당에서 땀을 흘리며 야채를 심고 가꾸던 엄마도 모처럼 안정되고 행복해 보였다. 아버지가 큰 불자동차를 몰고 가다 우유와 소시지를 내게 건네주고 폼도 당당히 사라지는 모습은 가슴이 뛰고 뿌듯했다. 그 집에 살 때는 이상하게 모든 것이 풍족했다. 먹을 것이 들이나 마당에서 생산되고 돈 걱정도 많이 줄었다. 요즘 가상이니 풍수니 하는 말을 많이 듣는데 풍수가 좋은 집이 아니었을까 생각해본다. 부모님이 건강했고 형제들도 자신에게 맞는 직장을 구하고 사랑하는 사람을 만나 결혼을 했다. 나도 그 집에서 남편 될 사람을 만났다. 열다섯에 들어가 스물셋에 나왔으니 불과 7, 8년 살았지만 기억의 창고에는 그 집의 추억만 남았다.

내가 결혼을 하고 몇 달이 지나지 않아 집을 비워 달라는 통보를 받았다. 주인이 들어와 산다고 하기도 하고, 헐고 무슨 모텔을 짓는다는 말도 들렸다. 엄마의 얼굴에 수심이 드리우고 가족들이 설왕설래했지만 비워주는 외에 다른 대책은 없었다. 이삿짐을 싸며 눈물 흘리고, 돌아나오며 뒤돌아보던 가족의 모습이 아직도 생생하다. 집 없는 설움을 뼛속 깊이 알게 된 순간이었다. 이번에는 수영이라는 곳으로 이사를 했다. 그곳은 비행장이 있던 곳이다. 여러 자식들을 차례로 결혼시키느라 형편은 더 어려워져 방 두 개에 마당도 없는 집을 얻었다. 하지만 그 집은 슬픔의 집이 되고 말았다. 건강하던 아버지가 갑자기 돌아가셨다. 오십대였던 아버지는 심심하면 웃통을 벗고 우리에게 불근불근한 근육을 자랑했다. 아직은 건강하니 걱정하지 말라는 무언의 표시였다. 그런데 왜 그런 일이 생겼는지 알 수 없었다. 사람들은 삼살방위로 들어왔다고 하고, 변소귀신에게 끌려갔다고 했지만 이어 엄마까지 떠날 줄은 꿈에도 몰랐다.

해운대가 텅텅 비어 갈대로 덮여있을 때 왜 한 평의 땅도 사지 못하고 쫓기듯 나왔는지… 원망도 했지만 지나고 보니 그때가 좋았다. 엄마와 함께 달맞이고개를 오르고, 밤이면 나를 좋아한 남자가 문밖에서 기다리고, 동백섬을 함께 거닐고, 하지만 그때뿐이었다. 신은 각박한 한 세상을 살아낼 인간을 가엾이 여겨 그렇게 잠깐의 여유를 허락했을 뿐이다. 하루 종일 걸레를 들고 윤이 나게 닦던 엄마의 살림은 언제 있기나 했냐는 듯 흔적 없고, 우리 모두도 그 길을 피해갈 수 없다.

집칸을 장만하기 위해 나도 열 번이 넘는 이사를 다녔지만 해운대 그 집의 풍경은 언제나 가슴속에 남아있다.

(2015년)

그 아버지의 딸

모처럼 친정의 사남매가 모였다. 2박 3일 일정으로 남도의 매화도 보고 부모님 산소가 있는 부산에 들르기로 했다. 돌아가실 때 깊은 골 허허벌판이던 묘원은 이제 시내 한가운데가 되었다. 빌딩과 상가로 이어진 길의 안쪽으로 들판 같은 망자들의 터가 하나의 고을을 이루었다. 살아생전 한 평의 땅도 없었는데 누워계신 서너 평의 땅이 노른자가 되었다니 좋아해야할지 어쩔지 모르겠다. 그래도 빛바랜 조화들이 울긋불긋 색을 입고 있어 화사함이 가득하다.

언니는 노란 개나리와 붉은 장미 조화를 사고 나는 소주를 샀다. 절을 하며 연신 술을 잔디 위에 붙는다. 마치 넙죽넙죽 받아 드시는 것 같다. 담배에 불을 붙여 비석 앞에 놓는다. 술과 담배는 좋아하던 기호식품이었다. 하지만 옆자리인 어머니

묘 근방에는 술을 치지 않는다. 생전에 밀밭 옆에만 가도 취한다는 엄마는 아버지가 말술을 마시는 것을 이해하지 못했다. 아버지는 맑은 정신보다는 술에 취해 사시는 시간이 더 많았다. 전쟁의 끝자락, 피난의 낯선 객지에서 빈손으로 여러 아이를 키워야했으니 얼마나 막막하셨을까.

골목 어디쯤에 홍시냄새가 바람을 타고 풍기면 아버지가 오신 것을 알았다. 하지만 내가 기억하는 한 술주정은 없었다. 다른 형제에게는 어떻게 기억되는지 몰라도 내가 본 아버지는 여리고 순했다. 나에게는 험한 말 한번 하신 적이 없다. 취하기만 하면 내일은 어디에서 큰돈이 굴러 들어와 부자가 될 듯 호기를 부리셨다. 아침이면 날아가 버릴 허황한 말로 가족을 웃기고 울렸다. 밤 12시가 되면 사라질 요술호박 마차처럼 술이 깨면 우울하고 낯선 얼굴로 돌아왔다. 세상이 내 마음 같을 거라 믿고 보증도 서주고 돈을 떼이고 사기를 당했다. 잘 속고 어리숙한 점은 아버지를 닮았다.

집 근처에 ㄷ소주공장이 있었다. 가끔 밀주를 담가 드시기는 했지만 주로 소주를 사러 다녔다. 지금은 아이에게 술심부름을 시키면 큰일 날 일이지만 그때는 누구나 술심부름을 했다. 공장 앞에서 조금 기다리면 아무 표시도 없는 맑은 물, 액체가 댓병에 담겨 나왔다. 큰 병은 아이에게는 무거웠다. 한번은 들고 오다 깨 버려서 돌아오는 내내 울었던 기억도 있다.

월급을 받으면 지난달 빌려 먹은 것을 갚아야하고 이리 저리 나누다 보면 돈은 늘 모자랐다. 왜인지는 모르지만 늘 돈이 없고 쪼들렸다. 그래도 나는 산으로 들로 뛰어다니며 그늘 없이 자랐다. 그 무렵 부산은 피난 내려오는 도중에 부모를 잃은 아이들이 길에 넘쳐났다. 양친 부모가 있다는 것만으로 행운이었다. 엄마는 보리를 삶아 밥을 가마솥 가득 안쳤다. 소기름에 무와 파를 듬뿍 넣고 국을 끓였다. 말만 소고기국이지 살점은 찾기 어려웠다. 그러면 어디서 오는지 누더기 옷에 깡통을 든 아이들이 문 앞에 줄을 섰다. 보리밥 한 덩이에 노란 기름이 둥둥 뜨는 국을 깡통에 퍼 담아 주었다. 그렇게 한바탕 다녀가야만 식구들이 밥을 먹을 차례가 왔다. 기름국이지만 맛은 좋았다.

어느 날 그 국 생각이 간절하여 소기름을 사다 끓여보았더니 옛날의 그 맛은 찾을 수 없었다. 쌀 한 톨 섞이지 않은 보리밥을 먹으면서 꼭 덧붙이는 말은 너희는 부모가 있으니 행복한 줄 알아야 한다는 훈시였다. 겨울내복과 양말이 없고 월사금을 못내도 그 한마디가 현실을 받아들이는 묘약이었다.

성묘를 하고 형제는 부모님의 생애를 돌아보며 이런 저런 이야기로 밤을 새웠다. 아버지가 취하지 않으면 견딜 수 없었던 이유를 열거하고, 일가친척 하나 없는 객지에서 등이 휘게 일해도 빚만 늘어가니 의지처가 필요했을 것이라 결론을 내렸다. 격동기의 그 숨 가쁜 시절을 살면서 한잔 술이 없었다면 어찌 견딜 수 있었을까. 부모님과의 추억을 말하는데 처음 듣는 이야기도 있고, 나만 아는 기억도 있었다. 오빠와 남동생은 그 아버지의 아들답게 술을 사양하는 법이 없다. 평소에는 말이 없는데 술이 들어가면 잘 웃고 허풍을 치는 모습도 똑같다. 내게도 술을 권했다. 고희도 넘겼고 흉볼 사람 없으니 마셔보라 한다. 홀짝 홀짝 마시니 잘 취하지 않는다. 언니도 나도 제법 마신 것 같은데 얼굴이 붉어지는 기색도 없다. 마실수록 정신은 초롱거리고 기분이 좋아질 뿐 별다른 변화는 없다. 역시 그 아버지의 딸이다. 주름이 가득한 얼굴도 잊고 밤새 소년이 되고 소녀가 되었다.

하나같이 올빼미 족으로 늦게 자고 늦게 일어나는 것도 닮았다. 이제 형제들은 내일을 알 수 없는 시간 앞에 당도했다. 함께 떠나와 추억을 공유하며 밤을 새우는 일이 자주 있지 않기에 시간을 아끼고 싶다. 허공으로 사라질 농담을 주고받으며 호기를 부리는 것도 술의 힘이다.

너희는 좋은 세상 만나 잘 살 거라는 말을 주문처럼 하셨는데, 그 말은 현실이 되었다. 빈손으로 흩어졌지만 모두 집칸을 가지고 아직은 건강하니 부모님이 쌓은 덕인가 한다. 바다에 접한 콘도에 해가 오르자 호기로 왁자하던 술의 시간은 사라졌다. 다시 노인으로 돌아와 '허리야, 무릎아를' 연발하며 서로 아픈 곳을 하소연한다.

(2016년)

쑤 지

사는 것이 매사 시들하다. 해서 개를 키워 볼까 생각하다가 구경삼아 들렀다. 그런데 그만 주먹만한 강아지를 만나고 말았다. 아직 젖도 떨어지지 않는 것 같은데 창살 속에서 오들오들 떨고 있다. 꼭 금방 부화한 병아리 같았다. 눈에 밟혀서 발길이 떨어지지 않는다. 나도 몰래 안고 왔다.

평생 사람에게 치여 살다보니 개를 키워보는 것은 처음이다. 어떻게 키워야 하는지도 모르고 무슨 종인지도 물어보지 않았다. 하얀 털에 까만 눈을 가졌다. 우선 필요한 물건을 사들였다. 핑크색의 집과 사료와 배변판과 목욕제품이며 발톱 깎기도 샀다. 보름에 한 번씩 예방 주사도 맞혀야 한다니 생각보다 돈이 많이 들었다.

강아지는 건강하고 영리했다. 집에 드나드는 사람을 알아보고 반기며 뛰는 것이 수고를 상쇄하고도 남았다. 이름을 쑤지라고 지었다. 특별한 뜻은 없고 강아지가 온 날 예쁜 여배우 수지의 얼굴이 화면 가득 보였기 때문이다. 나름 예쁘게 크라는 마음이 담겨있다고 해야 할까.

어느 날 친척이 다니러 왔다. 그런데 그는 개를 한번 흘깃 보더니 한 치의 망설임도 없이 "스피츠 잡종이네, 이 집에는 안 어울린다."라고 했다. 그 순간 이상하게 가슴속에서 쿵하는 소리가 났다. 물론 순종견이라고는 생각하지 않았지만 돌직구로 지적을 당하니 좀 놀랐다. 그렇잖아도 강아지는 하루가 다르게 얼굴이 변해간다. 백설 같던 털이 노래지고 주둥이가 길어지며 눈 밑에 검은 다크서클이 생겼다. 무엇이 묻었나 닦아보지만 점점 짙어진다. 드디어 남편마저 개가 못생겨져서 밉다고 한다. 이왕 키울 거면 족보가 있는 강아지를 데려오지, 그는 내 안목 없음을 은근히 지적한다. 아이들도 나이가 몇 살인데 어떻게 책임질 거냐며 지청구를 한다.

강아지는 사람들이 자신을 어떻게 평하는지 알 리 없다. 살아남기 위해선지 이 사람 저 사람의 눈치를 보고 할아버지를 무서워하면서도 과한 애교를 부린다. 잡종이란 이것과 저것이 섞여 하나의 생명이 되었다는 뜻인데, 그렇게 태어난 것이 어디 강아지뿐인가. 이 유구한 세상에서 순종 혈통을 지켜오기는 쉽지 않다. 크게 생각하면 지구는 하나인데 이것과 저것이 섞이지 않은 생명이 어디 있을까.

예쁘게 생기지 않았다는 이유로 괄시를 받는 것을 보며 불현듯 어릴 때 생각이 난다. 내 위로 3살 많은 언니가 있다. 사람들이 집에 놀러오면 하나같이 언니는 엄마를 닮았다고 하고 나보고는 아버지를 닮았다고 한다. 말인즉슨 언니는 예쁘고 동생은 못생겼다는 뜻이다. 언니는 강냉이 기계에 튀겨서라도 며느리로 빨리 데려가고 싶다고 너스레를 떨면서 나에게는 논평을 피했다. 얼굴뿐이 아니라 생활의 모든 면에서 언니가 나았다. 무슨 일이든지 맡기면 잘하고 손끝마저 엄마를 닮아 야무졌다. 내가 하는 일은 어설퍼서 개울에서 빨래를 해오면 다시 행구고, 설거지를 해도 지청구를 들었다. 반찬을 만들면서 칭찬 한마디를 간절히 기다렸지만 돌아오는 말은 항상 "맛없다. 와이리 짜노."라는 말이었다. 지금은 아이들이 집안일을 한다는 것을 상상하기 어렵지만 그때의 딸은 가사를 도와야 했다. 그래서 내가 맡은 일은 물을 길어오는 것이었다. 그날 쓸 물을 물독에 가득가득 채워 놓아야만 했다.

중2때였다. 지금 생각하면 질풍노도의 시기였다. 아무도 나에게 관심이 없었고 어딘가 낯선 곳으로 떠나고 싶었다. 마음은 현실을 떠나 상상의 세상을 날아다녔다. 사람들은 상처받고 있는 아이에게 관심이 없었다. 가난한 살림에 넷째인 딸에게 관심을 가질 여력이 없었다. 그때 창극단의 연극배우와 X언니의 관계를 맺어 자주 만났다. 연극에서 장군으로 나왔는데 일종의 팬심이었다. 무대 위에서 짙은 화장을 하고 남자 목소리로 칼싸움을 하고 사랑을 속삭일 때는 아이의 마음은 꿈꾸듯 설레었다. 집에서 음식을 몰래 챙겨와 그녀를 먹이곤 했다. 가끔은 그들이 머무는 숙소로 찾아갔다. 무대 조명 속에서는 화려한 그들이었지만, 여관방에서 부스스한 모습으로 빨래를 하고 있을 때는 실망감을 안겨주었다. 그녀와 남포동이며 용두산 공원을 놀러갔던 기억이 난다. 나도 연극배우가 되고 싶었다. 그들은 순회공연 중이기에 지방의 소도시로 옮겨 다녔다. 따라가겠다고 졸랐다. 현실을 피해 다른 세상으로 떠나고 싶었다. 마침내 아무 날, 떠나니 부산진역으로 나오라는 허락을 받아냈다.

추운 겨울새벽이었다. 가족 누구에게도 말하지 않고 작은 보따리를 꾸려 집을 나왔다. 그리고 역에서 일행을 기다렸다. 하지만 그들은 오지 않았다. 전화도 없을 때니 연락할 길도 없었다. 그렇게 3일을 기다리다 지친 몸으로 집으로 돌아왔다. 호된 꾸중을 각오했지만 엄마는 묻지도 않았다. 언니는 저녁 8시만 넘으면 어디 있다 왔느냐며 혼을 냈는데. 나에게는 당근도 채찍도 없었다.

생각하면 내 얼굴은 배우가 될 관상이 아니었다. 만약 그때 그들을 따라 갔다면 어떻게 되었을까. 십중팔구는 생의 매서운 칼바람에 휘둘려 상처를 입었을 것이다.

남편은 가끔 생각난 듯 강아지 얼굴이 못생겼다며 투정을 한다. 그래도 그와 나 지금껏 생명을 홀대해본 적 없으니, 쑤지도 순탄한 삶을 살지 않을까 조금은 예상해본다.

(2016년)

배냇저고리

청명한 하늘이 빨리 밖으로 나오라고 손짓을 할 때는 바람처럼 집을 나선다. 그날도 그랬다. 목적이 없으니 어디로 가는지도 몰랐다. 날씨는 영하 10도를 밑돌았지만 발길은 멈추어지지 않았다. 춥고 다리도 아프고 더는 걸을 수가 없어 쉬어갈 곳을 찾았다. 마침 사찰이라 쓰인 곳이 보였다. 산에 있어야할 절이 변두리동네 빌딩에 있어 신기했다. 쉬엄쉬엄 올라가니 의외로 중년의 여자들과 안노인들로 가득하다. 동지기도를 올리는 중이라 여겼는데, 단상에는 아기 용품들이 가득 쌓여있다. 옷과 우유와 과자와 기저귀까지, 올려다보니 수자령이라고 쓰여 있다. 그런 기도가 있다는 것을 처음 알았다. 뒷자리에 조용히 앉아 주변을 돌아보았다.

수자령이란 모태의 양수에서 평화롭게 떠있다 여러 가지 사정으로 유산, 낙태된 아기를 이르는 말이다. 시절인연을 만나 어렵게 태속에 들기는 했지만 태어나지 못한 가엾은 영혼들을 달래는 중이라 한다.

한 사람의 생명으로 태어나기가 어렵다고 한다. 비유하기를 눈먼 거북이가 백년에 한 번 바다 위로 올라와 구멍 뚫린 나무판자를 만날 인연보다 더 아득하다 한다. 망망대해를 떠다니다 판자를 얻지 못하면 그냥 물속으로 돌아 가야하는 운명, 사람으로 태어날 확률이 그만큼 귀하다는 뜻이다. 그렇게 힘든 경쟁을 하며 수태가 되어도 사정이 여의치 않으면 중절되고 만다. 그럴 때 배 속의 생명은 살고 싶어 필사의 몸부림을 치지만 결국 작은 조각으로 변해 쓰레기통에 버려진다.

가져다 놓은 물건들을 보다가 그중에 예쁜 배냇저고리를 발견하였다. 무딘 가슴이 뭉클하였다. 순간 무지로 인해 저지른 그 일들이 떠올랐다. 몸이 아파서, 약을 잘못 먹어서 아니면 홧김에 마치 몸에 난 종기를 떼어버리듯 했다. 그 시절에는 피임을 어떻게 하는지 잘 몰랐고 덩달아 산부인과가 호황을 누리던 시절이었다.

발길을 왜 이곳으로 이끌었는지 알 것 같았다. 세월이 아무리 흘러도 지은 죄는 면죄부가 없다. 마음속 어딘가에 숨어 있다가 도둑이 제 발 저리듯 먼저 알고 반응하였다. 그 아이가 태어났다면 지금쯤 가족을 거느린 가장이 되어있을 거라는 생각을 문득 하였다. 저 눈부신 신록과, 산들바람, 그리고 사랑을 알 기회를 무슨 권리로 빼앗아 버렸는지 미안하다는 말로는 용서가 되지 않는다. 요즘에서 생각하니 자식은 내가 낳는 것이 아니었다. 엄마라는 이름을 빌려서 태어났을 뿐 전혀 다른 개별의 존재였다. 찾아온 순서대로 잘 길러서 세상 속으로 보내주는 것이 소명이었는데.

살아온 세월이 하! 힘들고 서러워서 태어나면 무엇하나라는 생각을 많이 했다. 어차피 모두 다시 흙으로 돌아갈 것인데 어느 스님 말처럼 괜히 왔다간다고 생각했다. 하지만 삶이 있기에 기쁨도 슬픔도 알았다. 여러 남매의 가운데인 내가 세상을 볼 수 있었던 것은 중절수술이 없었던 때이기에 가능했다. 가난한 살림에 더는 자식을 낳으면 안 된다고 생각한 어머니는 일부러 넘어지고 언덕에서 굴렀다고 한다. 엄마는 그 일을 두고두고 미안해 하셨다. 그렇게라도 오지 않았다면 희로애락을 어찌 느끼고 알았을까. 내 몸을 통해 세상으로 오려고 했던 아이들, 그 원망이 쌓여 지금 이곳으로 나를 부른 것이 아닌가 싶어 명치끝이 저리다.

아기용품들을 산처럼 쌓아놓고 간절하게 기도 하고 있는 여자들을 바라본다. 그중에는 흐느끼며 울고 있는 사람도 있다. 운다고 달라질 것이 없지만 무주고혼이 되어 추운 골짜기를 떠돌아다니는 아기영가에게는 참회의 마음이 전달될지도 모르겠다. 이제와 돌아보면 모든 것이 미안하다. 나름 살생을 하지 않았다는 긍지 같은 것이 있었는데 내 손을 잡은 생명줄을 모질게도 떼어버린 일을 까맣게 잊고 있었다.

그 길로 돌아 나와 배냇저고리와 우유와 과자를 샀다. 이제와서 그런 것들이 무슨 의미가 있을까 만은 모은 물품들을 미혼모나 부모 잃은 아기들 시설에 주어진다니 좋은 일이다. 어느 이름 모를 아기에게 입혀질지 모르지만 이상하게도 마음이 조금 편안해졌다.

(2014년)

봄과 향숙이

계절의 여왕이라는 5월은 작년과 다름없이 왔다. 예전의 나라면 지금쯤 산과 들로 쏘다니며 꽃과 풀의 향내에 젖어 있을 텐데 아쉽게도 창밖만 바라본다. 무릎수술로 몸이 묶이어 대지 위에 피어나있을 봄날, 봄꽃을 그리워할 뿐이다. 늘 다니던 탄천에는 벚꽃이 줄지어 피었을 것이고 개나리는 이미 저버렸음을 풍문으로 들었다. 베란다에 살고 있는 춘란과 호접란도 봄이 온 것을 어찌 알았는지 마늘쫑 같은 꽃대를 밀어올렸다. 차례로 꽃망울이 벙글고, 피어나고, 지고, 그 안에 보잘것없는 내 시간도 가뭇없이 흘러간다. 무엇을 하며 남은 시간을 비벼야할지 모르겠다. 누군가와 마주하고 격하게 입씨름 한번하면 시원할 것 같은데 둘러보면 아무도 없다. 강심은 깊고 물살은 휘돌아 흐르는데 숨을 참으며 하루를 서성인다.

남편이 장미가 섞인 안개꽃 한 다발을 가져다주었다. 향기를 맡아보니 그 속에 아쉬운 봄의 잔영이 묻어난다. 작은 꽃잎 하나하나가 기억의 바닥을 흔들고 지나간 시간들이, 아릿한 슬픔 한 자락으로 변해서 울컥하고 올라온다.

내 어린 날은 무엇 한 가지 특별하게 기억할 만한 것이 없다. 아니 기억하고 싶지 않는지도 모른다. 허접한 환경 아래 우연히 태어난 생명은 아웃사이더였다. 잘하는 것도 특별한 것도 없었다. 엄마에게조차 관심의 대상이 되지 못해 늘 밖으로만 돌았다. 초등학교 6년을 결석 없이 다녔으나 밀린 월사금을 내지 못해 졸업장도 받지 못했다. 일을 해야 공부도 하고 살 수 있다는 것을 그때 알았다. 생각하면 최초의 알바는 친구 향숙이네의 국수공장에서였다.

그 집은 우리 집에서 못 보던 것들이 많았다. 아담한 한옥에 넓은 마당이 있고 우물이 있었다. 그때 풍금이라는 것을 처음 보았다. 머리에 예쁜 핀을 꽂고 꽃무늬 원피스를 입은 향숙이가 치던 풍금소리, 듣고 있노라면 알 수 없는 눈물이 흘렀다. 향숙이 엄마는 자상하고 나누어 먹이는 것을 좋아했다. 마음과 몸이 허기져있는 내게 군것질거리를 주면서 일을 잘한다는 칭찬을 아끼지 않았다. 마당에는 긴 국수발들이 아기 기저귀처럼 널려 있었다. 몇 시간 일을 도와주면 바닥에 떨어진 국수를 마음껏 주워가라 했다. 열심히 일하고 받은 국수소쿠리를 들고 집으로 향하며 간절히 기다린 것은 한마디 칭찬이었다. 하지만 엄마는 쌓여있는 내 집 일은 피해 다니면서 남의 일을 도와준다며 청개구리 심사라고 꾸중만 했다. 여러 아이를 키워야하는 부모의 삶이 얼마나 팍팍했는지 짐작은 가지만, 그 설움은 아직도 뼛속 깊이 숨어있다.

봄 속에는 아픈 기억만 있는 것은 아니다. 진달래꽃 가득 핀 산에서 꽃잎을 따먹던 추억, 반 아이들이 좋아하던 국어선생님이 전근을 가셨을 때는 마치 세상이 끝난 듯 모두 울었다. 나도 단 한번 다정하게 내 손을 잡아준 선생님을 떠올리며 따라 울었다. 향숙이네 다락에서 놀고, 자며 언제 올지 모르는 미래를 이야기하던 순간이 전생의 일인 양 아득하다.

함께 뒷산을 오르고 개울을 건너며 나물을 뜯고 조개를 잡았다. 하지만 그 행복은 오래가지 못했다. 향숙이네 국수 공장이 밤새 어디론가 사라져버렸기 때문이다. 한마디 언질도 없이 떠난 친구를 찾아 헤맸지만 이후 다시 만나지 못했다. 결혼을 해서도 이웃에서 함께 살자 손가락 걸며 한 맹세는 어젯밤의 꿈이었다. 국수발이 널려있던 마당은 알 수 없는 공장으로 변해 밤낮으로 날카로운 기계음소리가 들렸다. 먼지 날리는 신작로 길에서 떠난 친구를 기약없이 기다리며 서 있던 순간은 아직도 깊은 통증으로 남아있다. 예쁘게 생겼다는 모습 외에는 기억나는 것이 없지만 봄날에는 가끔 꺼내 들여다보고 혹시 잊을까 잘 간직한다.

봄과 인생은 짧기에 아쉽다. 세상은 모처럼 깨어나 수런거리고 농부는 밭농사 논농사로 바쁘다. 생명들은 내일을 모른 채 한오백년 살 것처럼 뛰어다니고 자연이 내어준 곡식으로 각자의 독을 채운다. 하지만 감꽃이 지고 열매가 익으면 어느새 겨울, 계절은 뛸 듯이 다가와서 급히 떠난다. 조금 더 머물러 달라 애원해도 뒤도 돌아보지 않는다. 희망을 가득 안고 시작된 봄은 언제 있었기나 했냐는 듯 사라진다. 손에 쥔 것을 내 것이라 여기며 잘난 척 으스대지만 어느 고운 날 인사도 못하고 황황히 떠날 존재.

향숙이로 인해 일찍 이별을 경험한 후로 누구에게도 쉽게 마음을 열지 않았다. 사람관계의 허무함을 알아버렸다 할까. 부모님과의 이별 역시 갑자기 찾아왔다. 원망만 가득했기에 다정한 말 한마디 주고받지 못했다. 이제야 주변의 자연과 사람이 귀하다는 것을 알지만 가슴을 열어 보일 곳이 없다.

내 마음도 이제 달리던 급행열차에서 내렸다. 미친 듯 빨리 뒤로만 밀리던 풍경은 옆에 온전히 머문다. 아침에 눈뜨면 각자의 시간 속에 만나고 헤어지는 자잘한 일상이 생의 전부라는 것을 알아차린다. 이제 한 장의 안개꽃잎처럼 작아져서 은은한 향기로 남고 싶다.

(2013년)

한바탕, 꿈

어젯밤에도 꿈을 꾸었다. 젊었을 때는 주로 날아다니거나 아니면 높은데서 떨어지는 꿈이었는데 요즘은 내용이 달라졌다. 생시에 가 본 적 없는 어디쯤 낯선 길을 끝없이 헤매 다닌다. 스쳐 지나는 누구에게 여기가 어디인지 물어 보아도 서로의 말을 알아듣지 못한다. 여행 중에 본 인도네시아 골목 어디쯤 같기도 하고 때로는 사람들의 몸이 검고 눈이 부리부리하다. 분명 집으로 돌아가는 길을 찾고 있는데 방향을 짐작하지 못한 채 걷고 뛰고 흘러간다. 순간 흐린 무엇이 다가와 나를 덮친다. 두려움에 버둥거린다. 비명을 질러보지만 목소리는 나오지 않는다. 그럴 때 누가 흔들어 깨운다. 건넌방에서 자고 있는 남편이다. 아! 꿈이다. 안전한 내 방이라는 것을 확인하며 가슴을 쓸어내린다.

꿈이란 생시에 고뇌하고 걱정하던 것을 잠자는 중에 예시하며 되감기한다고 들었다. 좌절된 욕구를 어떤 형태로 보여줌으로서 스스로 해소하는 자기방어 시스템이란다. 하지만 내 낮의 시간은 비교적 편안한 편이다. 옛날처럼 대가족에 시달리며 일을 많이 하지도 않고, 새벽에 일어나 도시락을 싸는 고생도 없어졌다. 두 아이가 아직 결혼을 못했으니 알 수 없는 불안이 내면 깊숙이 존재하고 있는 것은 사실이다. 그렇다 해도 꿈길에서 마저 편안을 얻지 못하는가 싶어 걱정스럽다.

때론 꿈이 예지몽이 될 때도 있었다. 앞으로 일어날 중요한 일을 미리 꿈으로 보여줄 때가 있는데 몇 번인가 신통한 경험을 한 적은 있다. 몇 년 전 상가를 하나 샀다가 몽땅 사기를 당하고 만 사건이 있었다. 꿈에 어느 초가집 아래 서 있는데 갑자기 지붕이며 기둥이 무너지고 그 안에 갇혀버렸다. 주변에는 온통 먼지가 가득했다. 그 꿈을 무시하고 계약을 해서 전 재산이라고 할 만한 큰돈을 잃고 말았다.

엄마가 돌아가실 때도 생시 같은 꿈을 꾸었다. 결혼을 해서 얼마 되지 않았을 때의 일이다. 새로운 환경에 적응하기 위해 고생하던 때였으니 친정가족을 본 지 오래되었다. 어느 날 꿈을 꾸니 엄마의 방에 낯선 여자 두 명이 들어와서 옷을 보자기에 싸고 있었다. 젊은 여자들이었는데 검은색 긴 조끼에 칼 두 개를 옆구리에 차고 검은 모자를 쓰고 있었다. 그러고는 어딘가

가자고 재촉을 하는데 엄마는 따라가지 않겠다고 버텼다. 그 옆에는 먼저 돌아가신 아버지도 와 계셨다. 그리고 지금도 믿기지 않지만 그날 돌아가셨다. 신비한 4차원 어딘가에서 예시를 보내주었는데도 알아채지 못해 임종도 못한 자식이 되고 말았다.

꿈에 대한 연구를 해온 사람들의 말을 들어보면 꿈이란 당사자의 마음이 어디에 머물러 있는가를 알려주는 일종의 비밀캡슐 같은 것이라 한다. 욕구 불만이나 염원, 성공과 실패 등등을, 어떤 형상으로 전달해주는 무의식의 표출이다. 물론 대부분의 꿈은 허접쓰레기로 뇌를 청소하는 기능에 불과하다고 한다. 그러나 가끔 선명하게 신통함을 보일 때도 있다. 꿈에 조상님이나 돼지를 보면 복권을 사기도 하고, 실제 당선된 사례가 있다고 한다. 또 용이나 인어를 보면 귀한 자식을 얻는다고 믿는다.

깨지 말고 계속되었으면 하는 꿈도 있다. 돌아가신 부모님을 만날 때이다. 가신 지 오래되어 이제 꿈속에서도 자주 뵙지는 못한다. 살아생전에 밥 한번 해드린 적 없고, 옷 한 벌, 용돈도 드린 적 없다. 같이 있을 때는 현실의 불만족을 원망하며 심한 말을 토해놓기만 했다. 다음 생까지 이어도 갚지 못할 죄가 가득한데 꿈길에서 만나도 서로 바라만 볼 뿐 말 한마디 나누지 못하니 웬일인지 모르겠다. 그래도 그리운 얼굴 잠시라도 느낄 수 있어 다행이다.

장자(莊子)는 사물은 이것이 아닌 것이 없고 저것이 아닌 것이 없다고 했다. 그래서 너와 내가 다르지 않다고 주장했다. 장자는 꿈속에서 나비가 되었다. 훨훨 날아다니며 이 꽃 저 꽃에 앉아 꿀을 빨고, 매인 데 없이 자유로우니 무척 즐거웠다. 그러나 문득 깨고 보니 엄연히 장주(莊周 장자의 아호)였다. 본래 나비였는지 장주가 나비로 변한 것인지 헷갈리며 그 경계가 모호해졌다. 그제야 나비와 장주가 다를 것이 없다는 큰 깨달음을 얻는다. 그것이 장자의 꿈이다. 자연의 모든 것은 하나에서 시작되었다는 물아일체(物我一體)사상을 책으로 엮어 후손에게 남겼다.

삶이란 긴 꿈을 꾸고 있는 것 아닐까 생각할 때가 있다. 온갖 걱정과 두려움에 떨며 낯선 길을 헤매다가도 눈 한번 반짝 뜨면 언제 있기나 했나 싶은 꿈이 되고 마는, 그러기에 잠자는 중에 만나는 세상은 생의 덧없음을 알려주는 방편이 아닐까 한다. 무지개가 허상이듯 꿈 또한 그러하겠지만 의식의 바닥에서 잉태된 것이기에 옳다 그르다 판단할 수는 없다.

요즘은 나라를 대표한다는 사람들이 세상을 흔들며 혼돈 속으로 몰아간다. 권력이 영원한 듯 그것에 취해있어도 문득 깨고 나면 한바탕 꿈일 뿐이다.

빈 집

날씨가 추워지고 얼음이 두꺼워지니 걱정이 하나 더 늘었다. 비어있는 시골집이 얼어터질까 노심초사다. 마침 막내가 왔기에 같이 길을 나선다. 집에 도착하니 그 사이 대문이 내려 앉아 잘 열리지 않는다. 녹이 쓸어 이음새가 떨어져 나가고 문이 반쯤 누웠다. 겨우 밀고 들어가 집안을 둘러본다. 사람 그림자가 없는 집은 마치 혼이 빠진 것 같다.

어디서 들어왔는지 여기저기 벌레들이 마루에 죽어있다. 미안하다는 말을 주문처럼 외운다. 물을 틀고 보일러실을 둘러보고, 창을 열고 청소를 한다. 집은 내 손길이 닿자 그제야 환해지며 투정하듯 수런거린다. 비어있는 집에도 한낮의 햇살은 쏟아져 들어온다. 마루를 닦다가 밖을 내다본다. 쨍한 겨울 공기가 흐린 정신을 모처럼 맑게 한다.

남편이 애지중지 키우던 각종 수목들이 반가운 듯 손을 흔든다. 풀이 가득했던 땅을 고르고 꽃과 나무를 사다 심던 일이 어제 같다.

연못을 만들고, 어느 지방인가 찾아가서 거북이 모양을 한 큰 돌을 샀다. 돌절구, 돌확, 알돌 여러 개를 구해와 거북이 뒤에 놓았다. 기중기를 동원하고 포클레인이 오고 지인과 동네사람들을 불러 잔치도 여러 번 했다. 그는 거북 등을 쓰다듬으며 마치 그것이 우리에게 건강과 행복을 안겨줄 것처럼 좋아했다. 담을 둘러 줄장미를 심으니 마침내 그간의 고생을 보상이라도 받는 느낌이었다.

행복한 전원생활을 꿈꾸었나 싶다. 그는 나의 건강을 위해서 꼭 필요하다고 했고, 나는 고향을 그리워하는 남편의 내면을 조금이라도 채워줄 거라 믿었다. 하지만 기대와는 달리 원하는 농사도 약초도 잘 키워내지 못했다. 그는 매일 서울로 출근하느라 길에 기름을 뿌리며 바삐 다녔고, 주민과의 관계도 쉽지 않았다. 마을회관에 드나드는 사람들이 잘 대해 주기는 했지만 필수가 화투를 쳐야했다. 먹을 것이며 음료수를 사들고 어울리려 애를 써 보아도 화투짝을 어떻게 맞추는지 모르니 관심에서 멀어졌다. 부르면 가야하고, 주로 설거지며 자잘한 심부름을 하다보면 무언가 잘못 되어간다는 생각이 들었다.

야채를 길러도 나누느라 힘들고, 땅에 대한 갈증이 어느 정도 채워지니 무료해졌다. 결국 짐을 싸들고 서울로 유턴을 했다. 하지만 휴일이면 함께 가서 나무를 잘라주고 풀과 씨름을 했다. 첩과 전원주택은 있는 그날부터 골칫거리라는 말은 옳았다. 그는 농촌 출신이라 벙거지 모자를 쓰고 마당에 서 있는 모습이 퍽 어울렸다. 일하는 중에 잠깐의 휴식은 꿀같이 달았다. 과일과 커피 한 잔씩을 들고 하늘을 바라볼 때의 느낌은 선명하여 잊지 못한다.

하지만 갑작스런 그의 떠남으로 모든 것이 정지되었다. 장례를 치르고 몇 개월이 지난 뒤 와서 보니 그 사이 도둑까지 들었다. 마당에 있던 화분이며 탁자, 의자 심지어 돌확까지 가져가 버렸다. 소나무도 몇 그루 병이 들었고 대추나무는 아예 모두 죽었다. 빗자루병이 들었다고 하는데 그 모습이 끔찍했다. 잎이 빗자루 모양으로 검붉게 변했는데 마치 머리를 풀어헤치고 곡하듯 흔드는 괴이한 모습이었다. 토종벌도 주인이 죽으면 머리에 흰 띠를 두르고 나온다는데, 대추나무도 주인과 운명을 함께한다고 누군가 말해주었다.

이제야 생각해보니, 그 모든 것이 괜한 짓이었다. 그런 돈으로 함께 여행이나 다녔으면 좋았을 것을, 그때는 분명 옳은 선택이었다고 생각했는데. 지나고 보니 헛짓이었다. 생이란 좌충우돌하다 돌아간다는 것을 알면서도 무엇에 홀렸는지 잠시 잊었다. 돌아보면 잘한 일은 적고 쓸모없는 짓만 했다. 안 해도 될 고민을 하고, 안 사도 될 것들을 사들이며 소중한 시간을 낭비했다. 이 집도 막상 팔려고 하니 들어간 비용의 반값도 건지기 어렵다한다.

베어버린 대추나무 자리를 둘러본다. 얼마 전까지 그도 대추나무도 분명 내 곁에 있었다. 모두 어디로 가버린 것일까. 서로의 미세한 감정선까지도 알아챘는데, 존재했던 흔적도 그림자도 없다. 생명의 소멸은 당연한 삶의 수순이라며 어지간히 아는 척했는데, 내게 찾아온 이별은 받아들이기 쉽지 않다. 마당을 서성이며, 생각해보니 삶이라는 과정자체가 종내에는 빈집이 아닐까싶다.

(2017년)

사랑, 그 명암

동유럽 여행을 갔을 때이다. 긴 비행 끝이라 피곤했지만 버스로 이동하며 일행들과 인사를 나누었다. 그곳에서 40대 중반쯤 되어 보이는 부부를 만났다. 남자는 잘 생기고 여자는 예쁜 미모로 어울리는 한 쌍이었다. 더구나 금슬이 얼마나 좋은지 모두의 부러움을 넘치도록 받았다. 보통 부부들은 무심하게 다니는데, 둘은 아무 때고 진한 스킨십을 아끼지 않았다. 허리나 손을 잡는 것은 기본이고 버스에 앉아서 졸 때도 입이 마주 닿을 듯 정다웠다. 관광을 할 때는 순간순간 둘만의 찐한 눈빛을 교환한다. 슬하에 아이도 있다는데 마치 이제 갓 사랑을 시작한 연인처럼 보였다.

그들은 비싸 보이는 카메라를 들고 있었다. 남자는 사진 찍기가 취미라고 했다. 여러 곳을 지나며 풍경을 담으면서도 오로지 아내만을 모델로 사진을 찍었다. 남자는 자주 이렇게 말했다. "우리 아내 정말 예쁘지요." 우리는 답례로 엄지 척을 해보이거나 추임새를 아끼지 않았다. 낮에도 사랑표현이 거침없는데 둘만의 밤은 어떨지 상상이 된다며 친구들은 웃곤 했다. 평생을 너 거기 있고 나 여기 있으면서 각자 맡은 일만 했던 나로서는 신세계를 보는 듯 경이로웠다.

그렇게 꿈같은 시간이 흐르고 여행은 중반으로 치달았다. 어느 날 이곳저곳 구경에 피곤했는지 예쁜이가 들고 있던 카메라를 그만 잊어버렸다. 그리고 어디다 두었는지를 기억해내지 못했다.

눈만 돌리면 그림엽서인 풍경들이지만 나는 사진을 찍지 않는다. 두고 볼 시간을 알 수 없기에 순간을 아쉬워하며 마음에 담을 뿐이다. 다음 생이 있다면 프라하나, 빈, 아니면 브론드, 성 그 어디쯤 태어나 살아 보았으면 한다. 곧 이별해야할 세상이 너무 아름다워서 원인모를 서러움이 울컥울컥 올라오는 그런 미묘한 감정여행의 연속이었다.

어쨌든 큰일이다. 관광객이 넘치는 곳에서 카메라를 분실했으니 찾을 희망은 아예 없다. 부부는 책임을 서로에게 미루며 싸우기 시작한다. 소중한 것을 잃었으니 그럴 수도 있다. 카메라가 비싸기도 하거니와 지나오며 찍은 사진도 함께 사라졌으니 화가 날만했다. 하지만 그로인해 다정한 분위기는 급랭되었다.

달콤했던 감정은 하나의 물건으로 인해 실종되었다. 앵무새처럼 입을 맞대고 있던 그들이 모르는 사람인 듯 외면하며 따로 다닌다. 어쩌다 의자에 앉으면 누가 듣건 말건 싸운다. 예쁜이는 이제 우리 일행에 끼어 다녔다. 내 친구의 팔짱을 끼거나 아니면 나를 따라 다니고 우리 식탁에서 밥을 먹었다. 그간 남편이 한 행실들을 엄마에게 이르듯 미주알고주알 하고, 둘만이 알아야할 비밀을 망설임 없이 고해바친다.

계속 싸우면 남은 일정마저 망칠 것이 분명하다. 카메라가 귀하다 해도 물건에 불과하다. 화해를 하면 어떠냐고도 말해 보았다. 하지만 다음 날도 그 다음날도 둘은 외면한다. 부부란 하루저녁 다정하게 자고나면 미운마음이 사라지는데 그들은 왜인지 끝을 향해 치달렸다.

마음속의 오랜 질문, 남여의 사랑이란, 뭘까 곰곰이 생각해 본다. 자식은 잘못을 저지르고, 모든 것을 다 가져가도 미운 마음이 없다. 부부는 무촌이라 한다. 하지만 피해가 오면 용서가 쉽지 않다. 변심해서 바람을 피우거나 경제적인 문제가 생기면 미련 없이 돌아선다. 남녀의 사랑은 때로는 간절하여 잠 못 이루지만, 끝났을 때는 차갑다 못해 얼음으로 변한다.

우리는 막연하게 상대가 더 나를 사랑할거라는 착각을 한다. 하지만 슬프게도 삶에서 경험하는 관계는 조건적이다. 분명 계산이 필요 없는 순수한 사랑이 있기는 하다. 내 주변에도 오랜 세월 신비한 사랑을 계속하는 부부가 몇 있다. 5, 60년 가까이를 함께해도 아직도 바라보면 가슴이 설렌다고 한다. 서로의 체온을 느끼고 손끝이라도 잡아야 잠이 온다. 한날한시에 태어나지는 않았지만 같은 날 함께 떠나는 것이 소원이라 말한다. 또 남편 앞에서 평생 자신의 흐트러진 모습을 보이지 않는다는 지인도 있다. 언제나 머리를 정갈히 하고 옷매무새를 단정히 한다. 남편이 잠들면 세수를 하고 깨기 전에 일어나 화장을 한다. 어떻게 그럴 수 있는지 나는 모른다. 사계절 맨얼굴로 푹 퍼져 사는 나로서는 이해하기가 쉽지 않다. 사랑을 한마디로 정의내릴 수 없다는 것을 안다. 더 간절해지거나, 아니면 미워하고, 때로는 무심한, 그러면서도 힘든 일이 생기면 뭉쳐서 한편이 되는.

나는 물과 공기처럼 있는 듯 없는 듯 편안한 그런 관계를 좋아한다.

그들은 돌아오는 비행기 안에서도 화해하지 않았다. 경쟁 하듯 사랑을 과장되게 표현하던 그들, 하지만 작은 물건 하나에 무너지고 마는, 어쩌면 연극이 끝난 무대 뒤편의 쓸쓸한 풍경 같다. 사랑 그 명과 암에 대해서 생각하게 되는 오늘이다.

(2016년)

3.

야생의 습관

하루살이

해질녘을 좋아한다. 여름 오후 탄천 주변을 걷노라면 복잡한 생각이 정리되고, 운이 좋으면 반짝 글감 한 줄이 떠오르기도 한다. 옛 사람들은 석양(夕陽)을 양중에 음이 들어오는 시간이라 하여 인간이 편안하고 행복감을 느낀다고 했다.

늘 혼자 걷는데 오늘은 혼자가 아니다. 하루살이 녀석들이 나를 에워싸듯 앞서거니 뒤서거니 뭉쳐서 따라온다. 귀찮아서 손을 휘저어 보아도 사라졌나 싶으면 또 나타난다. 곧 어둠이 내릴 텐데 그 몸짓에는 하루가 저물어가는 다급함이 묻어있다.

왜인지는 모르지만 멀리서 날다가도 어느새 눈앞을 가로 막는다. 사람을 좋아하는지 얼굴 주변에서 맴돈다. 양손을 휘저어 보아도 소용없다. 단 하루밖에 못살면서 그 삶도 지루한지 더러는 자살까지 시도한다. 눈코며 입으로 숨 따라 들어와 본의 아니게 삼킬 때도 있다.

맹렬히 뭉쳐 날고 있는 그들은 실은 아주 중요한 일을 하고 있다. 아침에 태어나 저녁에 죽어야하는 짧은 생이기에 게으름을 부릴 시간이 없다. 신은 왜 하루살이에게 하루의 삶만을 주었을까. 이미 하루 중에 반 이상이 지났다. 곧 해는 지고 어둠이 올 것이다. 그 짧은 순간에 혼인비행을 하고 알을 낳아야 한다. 아무리 보아도 똑 같은데 무슨 기준으로 짝을 찾는지 궁금하다. 더 용맹하게 빨리 날며 구애를 벌이는 수컷에게 매력을 느낄까.

인간은 짝을 찾을 때 참 까다롭다. 직업이 무엇이며, 성격은 좋은가. 키는 얼마이며 집안 배경은 어떤지 이런 것들을 따진다. 사랑은 다음이고 손익계산부터 한다. 그러기에 주변에는 노총각 노처녀가 넘쳐난다. 어찌 사람과 하루살이를 비교할까 싶지만 생각해보면 사람의 백년도 순간처럼 짧다. 불가에서는 문창호지 구멍 밖으로 말이 휙하고 지나가는 순간이라고 하고, 새가 이 나무에서 저 나무로 옮겨가는 눈 깜박할 새라고도 한다. 긴 것 같지만 우주의 시간으로 보면 순간에 태어나 생과 소멸을 거듭한다.

하루살이의 애벌레는 물속에는 3년 인고의 세월을 견딘다. 그리고 알에서 부화하여 비상의 날개를 단다. 그러기에 창공에서 춤추는 그 하루는 무엇보다 알찬 시간이다. 그나마 운이 나쁘면 비 오고 바람 부는 날을 만난다. 밝고 환한 좋은 날도 있다는 것을 알지 못하고 돌아갈 때도 있다. 연한 구름이 깔린 하늘을 보는 오늘은 운이 좋은 녀석들이다. 맑은 날 태어난 행운을 알아챘는지 더 격렬하게 춤을 춘다. 어쩌면 하루살이는 자신의 삶을 백년쯤으로 알고 느낄지 모른다.

하루살이의 하루는 신비롭다. 작은 몸 어디에서 에너지가 나와 날고 사랑하고 후손의 생까지 준비하는지 알 수 없다. 나비가 고치에서 나와 훨훨 날아야 완성되듯, 비상하여 춤추는 것은 삶의 완성이 아닐까. 사람 역시 생에 너무 취해서 잘못을 저지르는 줄조차도 모른 채 끝나기도 한다. 생명을 대수롭지 않게 생각하고 사회에 해악만 끼친다면 평생을 산다한들 소용없는 일이다. 끝내 부화하지 못하고 먹통이 되어버린 알과 무엇이 다르랴.

내일을 모르고 계획 없이 멋대로 사는 것을 하루살이인생이라고 한다. 하루살이가 들으면 억울할 일이다. 백년을 다 채운다 한들 무지에서 깨어나는 순간이 없다면 하루살이를 비웃을 자격이 있을까. 길다고 생각한 인간의 삶도 우물쭈물하다보면 종착역이다. 나 역시 아직도 왜 여기에 왔는지 그 의무와 목적이 무엇인지 모른다. 그들이 온몸으로 전하는 언어를 알아채야 하지 않을까.

(2016년)

의자는 그대로인데

5월이다. 밤 9시쯤 산책을 나선다. 실바람은 비단옷 같이 몸을 감싸고 공기는 달콤하다. 가로등 불빛 아래는 라일락꽃 향내가 흐른다. 아파트 상가 앞 작은 광장에는 색색의 플라스틱 의자가 줄지어 놓여있다. 탁자 위에는 닭튀김과 맥주 아니면 팥빙수가 자리하고 사람들은 웃고 이야기하며 먹고 마신다. 한동네에서 오래 붙박이로 살았으니 그들 중에 아는 얼굴도 보인다. 낯익은 두어 곳에 다가가서 인사를 한다. 평소라면 편하게 합석할 수 있는 사이지만 아들 며느리 손자와 같이 있는 자리에는 끼어들 여지가 없다.

돌아서는 발길이 왠지 허전하다. 생각해 보니 치킨집이 생긴지 수년이 지났지만 가족과 나와서 맥주 한잔을 마셔본 적이 없다. 그 흔한 길거리 포장마차에서 국수 한 그릇도 먹지 않았다.

시간과 돈이 없는 것은 아닐 텐데 무엇을 하다 소소한 행복들을 놓쳐버렸을까 생각한다. 누군가 내려다보고 있다는 느낌, 가위 눌린 듯 경직되어 정해진 길을 비켜나면 큰일이라고 여겼다. 술을 빌려서라도 호기롭게 큰소리 한 번 쳐 보았으면 좋았을 것을, 오래된 고질병처럼 알 수 없는 통증이 명치를 누른다. 지나온 길 돌아보지 않겠다고 애써 외면하며 또 한 바퀴를 돈다.

희미한 불빛 아래 옆을 스치는 아주머니와 마주친다. 체육복을 입고 모자를 쓰고 팔을 강하게 휘젓고 있다. 잰걸음에는 반드시 건강하게 살고 말겠다는 의지가 엿보인다. 흘깃 보니 오며 가며 만나는 낯익은 사람이다. 둘은 누가 먼저랄 것도 없이 서로를 알아본다. 반갑게 손을 잡고 이런저런 이야기를 나눈다. 나이든 여자들의 대화는 뻔하다. 그녀는 자신의 허리 아픈 사연을 반복해서 길게 말한다. 말을 많이 하고 빨리하기에 대답할 틈을 찾기가 쉽지 않다. 그녀가 잠깐 숨고르기를 하는 사이 무릎 때문에 빨리 걷지 못하는 내 답답함을 슬쩍 끼워 넣는다. 봄밤 아래서 한 30분쯤 수다를 떨어본다. 헤어지는 순간 나도 몰래 내 손이 그녀를 붙잡는다.

"우리 상가에 가서 팥빙수 먹을까요."

그녀는 좀 의아한 표정으로 따라 나선다. 꽃향기 가득한 밤의 휘장이 둘 사이를 밀착시킨다. 또 다시 이런저런 이야기가 이어진다. 요즈음의 화두, 세월호 이야기를 한다. 자신의 배에서 3백 명이 넘게 목숨을 잃었는데도 책임지는 사람이 없고, 빨리 대응을 못한 정치권을 성토한다. 그래도 달라지는 것이 없는 세상, 봄밤의 훈풍이 그 모든 것을 감싼다.

치킨집은 여전히 성업 중이다. 그 사이 좌석 수는 더 늘어나고 술잔 부딪치는 소리가 왁자하다. 이번에는 빈자리를 찾아 호기롭게 앉는다. 하나와 둘의 의미가 크게 달라지는 순간이다. 마음속은 치맥(치킨과 맥주)을 주문하고 싶지만 그도 나도 늦은 밤에는 튀긴 음식을 먹지 않는다. 한 번쯤 그런 틀을 깨도 좋으련만 굳어진 생활습관을 바꾸기는 싶지 않다. 두 사람이 팥빙수 한 그릇을 주문한다. 주변을 둘러본다.

그런데 이상하다. 분명 좀 전에 앉아있던 이웃들이 보이지 않는다. 겨우 한 시간이 지났다. 그 사이에 탁자의 주인은 바뀌었다. 가족 친지와 함께 영원할 것 같이 행복해보였던 모습들, 의자는 그대로인데 사람은 바뀌고 또 다른 술잔들이 흘러간다.

시간은 머무름을 용납하지 않는다. 맥주잔을 마주치며 건배하는 모습, 부러워 눈물이 날 뻔했던 마음, 평생이라고 할 시간을 바쁜 듯 뛰어다녔지만 돌아보면 얻은 것이 없다. 지식을 깊게 탐구하지도 못했고, 가족과 함께 누려야 할 소소한 행복도 놓쳐버렸다. 그 아쉬움이 응어리로 남아 명치끝에서 눈물을 밀어 올린다. 머물러 있는 것은 없기에 순간에 충실해야 한다는 간단한 진리, 봄밤은 그 하나를 문신처럼 새겨주고 지나간다. (2015년)

섬백리향

그 누가 자기네 땅이라고 우기는 독도를 꼭 가보고 싶었다. 마음에 있으면 실현이 된다더니 나라지킴이들을 따라 울릉도에 도착했다. 독도는 일 년에 50일 정도 사람이 오르는 것을 허락하는 자존심 강한 섬인데 날씨가 좋아 접안이 되는 행운을 얻었다. 망망한 바다 위에 솟은 섬은 생각했던 것보다 크고 신비스러웠다. 내 땅을 꼭 지켜야 한다는 한마음으로 태극기 퍼포먼스를 하니 독도를 위해 작은 힘이라도 보탠 듯 뿌듯하다.

울릉도로 돌아와 섬을 한 바퀴 도는 중에 한 농원에 들렀는데 알 수 없는 진한 향기가 공기 속에 가득했다. 그곳에서 섬백리향이라는 꽃을 처음 보았다. 비스듬한 언덕에 넓게 펴져 자라는데 바람에 실려 오는 향기가 예사롭지 않았다. 진한 허브 같기도 하고 라일락향기와도 닮았다. 꽃은 흰색과 분홍색으로 별사탕같이 아주 작았고 잎은 땅에 엎디어 다소곳했다. 사시사철 섬의 바람을 정면으로 맞으니 키가 자라지 않는다고 한다.

먼 옛날 고기잡이 나갔던 어부가 바다에서 길을 잃고 헤매다니다 알 수 없는 냄새에 이끌려 구사일생 돌아오게 되었다. 꽃 향이 바다를 향해 백리를 날아가 어부를 구했다고 해서 백리향이라는 이름을 얻었다고 한다. 남편은 여행을 가면 무언가 사오기를 좋아하는데 그날도 예외는 아니었다. 뭍에서 잘 살지 의문이라 말렸지만 그는 한 무더기의 꽃을 사서 무거운 줄도 모르고 들고 다녔다.

집으로 돌아와 제법 큰 도자기 화분에 심어놓고 실내에 꽃향기가 가득하기를 기다렸다. 하지만 생각과는 달리 꽃은 향내를 풍겨주지 않았다. 안타까워 손으로 만지면 희미한 향이 스칠 뿐 울릉도에서 느꼈던 강렬함은 간곳이 없었다. 어느새 별사탕 꽃도 사라져버리고 검고 누렇게 변한 부스스한 잎만 남았다. 제가 살던 땅을 떠나 왔으니 힘들겠지 여겨 물도 자주 주고 영양제도 듬뿍 부었다. 하지만 빽빽하던 잎도 성글어지고 감당이 안 되게 시들어만 갔다. 그제야 현관 앞에 내놓았지만 처음 보았던 귀여운 모습은 잃고 말았다.

겨울이 오고 낯선 서울의 추위에 얼어 죽을까 화분을 다시 집안으로 들여왔다. 따뜻한 실내로 들어온 꽃은 계절을 잊었는지 잎이 나오기 시작했다. 하지만 다시 돋아난 잎은 좀 이상했다. 메추리 알 같은 잎 모양으로 마주보는 것까지는 비슷한데 키는 위로만 자라고 커졌다. 다소곳한 모습은 간곳이 없고 고개를 한껏 쳐들고 있는 것이 건방져 보인다. 부부는 들여다보며 설마 꽃은 죽고 숨어있던 풀씨가 자란 것이 아닐까 의심했다. 남편은 조금 더 기다려보자고 했지만 어느 날 더는 참지 못하고 뽑아내고 말았다. 그런데 부러진 줄기 속에서 울릉도에서 맡았던 강렬한 그 향내가 났다. 무슨 이유인지 꽃은 줄기 속에 향기를 꽁꽁 숨겨놓기만 하고 내보내지 않았다.

느끼지 못하는 사이에 또 미안한 짓을 하고 말았다. 섬에 있었다면 뿌리를 넓히며 건강하게 살 텐데 생육할 환경은 없애버리고 향기만을 원하고 있었다. 바닷바람을 생명줄로 안고 살던 그들인데, 차라리 밖에 두었다면 더 나았을 것을, 혼자서 누릴 욕심에 가두어버린 꼴이다. 짧은 순간을 즐기기 위해서 동물들을 가두고 꼬챙이로 찌르며 인간이 좋아할 몸짓을 가르치는 것과 무엇이 다르랴.

생명체는 본능적으로 떠나온 고향을 그리워한다. 바다에 나간 연어도 알을 낳고 죽을 때는 태어난 천(川)으로 돌아온다. 나 역시 고향하면 안개 같은 그리움부터 차오른다. 부모님이 나고 살았던 곳, 철도 들기 전에 떠나왔지만 아직도 바람 끝의 냄새를 엄마인 듯 기억한다. 솔가지 때던 매캐한 내음이 골목을 휘돌던 것이며, 들판의 바람 속에 묻어오던 인분냄새마저 추억의

한 부분으로 남아있다.

어쩌면 백리향도 섬의 그 바람을 그리워하다 줄기 속에 침잠해 버렸는지 모른다. 생각하면 생명은 모습만 달리할 뿐 길옆의 풀도 존재의 이유가 있다. 양지바른 환경, 좋은 부모를 만나 비빌 언덕이 탄탄하면 한세상 살기가 수월하다. 도회의 보도블록 아래 그늘지고 척박한 땅에 떨어진 씨앗도 밟히고 눌리어도 목숨줄을 놓지 않는다.

무서운 범죄자도 그 어린 시절을 추적하면 거의가 불우한 환경에 원인이 있다. 전문가들 견해를 들으면 가난은 크게 문제될 것이 없다했다. 가장 큰 문제는 부모의 불화로 가정폭력에 시달리며 자란 사람들이다. 요즈음도 계모의 폭력에 희생된 아이들이 있다. 꽃으로도 때리면 안 된다는 천사들을 살과 뼈가 상할 정도로 때려 숨지게 하는 마음은 어떤 것일까. 세상을 향한 증오가 얼마나 가득하면 그럴 수 있는지 변명마저 용서하고 싶지 않다. 학대받은 분노를 참다 성장해서 또 누군가를 괴롭히는 악순환은 되풀이된다. 사람이든 나무든 꽃이든 주변 환경이 중요하다. 관심과 사랑을 받고 자랐느냐가 행, 불행을 결정한다.

백리향이 떠나온 섬을 잃어버리고 이상한 풀로 변했듯이, 우리도 고향을 잃고 다른 모습으로 살고 있는 것은 아닐까. 나 역시 누가 툭하고 건드리면 켜켜이 숨겨 놓은 설움을 진한 향기로, 아니면 역한 매연으로 뿜어내고 말 것 같다.

뽑아낸 뿌리를 다시 화분에 묻어 땅에 내려놓았다. 비와 바람에 숨쉬어보라는 때늦은 배려다. 비록 모습은 달라졌지만 꽃의 본성은 변할 리 없으니 언젠가 회복되어 진한 향기 날려줄 그날을 기다린다.

(2014년)

디어 마이 프렌즈

세상은 하루도 조용할 날이 없다. 사람살이는 힘겹기만 한데 TV는 쉬지 않고 사건과 사고를 화면 가득 내 보낸다. 정치하는 사람은 권력쟁취를 위해 싸우고, 방송이며 드라마도 음모와 술수가 판친다. 때리고 맞고, 뺏고 뺏기고, 아니면 아귀처럼 먹는 장면이 화면을 가득 메운다. 얼른 채널을 돌려본다. 시어머니가 며느리를 학대하고 내쫓는 장면이다. 조선시대나 해방 전후에나 있을 법한 사건을 드라마에서는 아직도 진행 중이다. 요즘 세상에 어느 시부모가 며느리를 학대하는지 정말 그런 일이 있기나 한지 모르겠다. 오히려 부모가 자식들의 눈치를 보는 세상인데도 말이다.

이리저리 채널을 돌리다 우연히 한 장면을 보았다. 노인들의 우정과 사랑을 그린 드라마다. 모처럼 웃음과 해학과 눈물이 있었다. 배우들의 연기도 좋았다. 특히 남편 신구가 자신의 가족에게 하는 권위적인 행동은 무섭기는커녕 웃음을 자아내기에 충분하다. 늙은 아내가 시장을 보면 영수증을 꼬박꼬박 확인하고, 돈은 주지 않으면서 먹고 싶은 반찬을 만들어놓으라 명령한다. 가족은 그것에서 벗어나기 위해 발버둥치다 결국 떠나고, 권위의 상징이던 남편은 그제야 아내의 소중함을 느껴 때늦은 후회를 한다.

디어 마이 프렌즈에서는 남편의 폭언에 시달리는 나문희와 치매를 앓는 김혜자, 암에 걸린 고두심, 첫사랑을 못 잊는 영화배우 박원숙과, 독신녀 윤여정이 있다. 그들은 좋을 때나, 슬플 때 함께 뭉치는 고향친구고, 선후배들이다. 서로를 위로하고 쓰다듬으며 각자 처한 상황과 아픔을 이해하고 보듬어준다는 내용이다. 삶이 한 편의 연극이듯 온갖 사연을 짊어지고 있지만 부러운 것은 언제든 부르면 달려가는 그들의 우정이었다.

치매를 앓고 있는 희자(극중이름)가 베개를 업고 신혼 시절 살았던 동네를 찾아가는 장면이 있다. 젊었을 때 아픈 아이를 업고 병원을 찾아 헤매다가 첫아이를 잃게 된 충격 때문이다. 정신줄을 놓아도 자식을 잃은 엄마의 내제된 아픔은 그대로 표현된다. 길을 헤매는 희자를 찾아나서는 친구들의 모험도 나름 체계적이면서 훈훈하다. 밤이면 집을 나가 돌아다니는 것을 지켜주고 흘린 변을 치워주면서도 지청구를 하는 사람은 없다. 비슷한 동년배이기 때문일까. 만약 내가 그와 같은 처지에 놓인다면 과연 누가 곁을 지켜줄지 자신이 없다.

큰 수술도 몇 번하고 어려운 일이 있어도 될 수 있으면 내색하지 않았다. 친구는 물론 친정식구에게도 알리지 않고 장기입원을 한 적도 있다. 병실에서 아픔과 외로움을 견디면서도 주변에 폐를 끼쳐서는 안 된다는 마음뿐이었다. 하지만 이제 와서 생각하니 과연 잘한 일인지 모르겠다. 좋은 일도 나쁜 일도 함께하며 정이 드는 것인데.

산다는 것은 결국 누군가와 함께한다는 것이다. 서로를 다독이고 챙기며 의지가 되는 사람. 옆에 그런 사람 단 하나만 있어도 성공한 삶이라고 한다.

동네 상가 앞에는 음료를 파는 아주머니가 있다. 그녀가 그곳에서 장사한 지는 10여 년이 넘는다. 더우나 추우나 길 가운데에서 유산균음료를 팔고 있다. 그런데 혼자가 아니다. 그녀의 곁에는 한 여자가 늘 함께한다. 빼빼한 이는 장사를 하고 통통한 여자는 마주보며 서 있다. 둘은 친구라는데 추위와 더위를 아랑곳하지 않고 항상 함께한다. 이익을 나누는 것도 아니고 다만 시간을 같이 보내기 위해서란다. 가끔 그들 사이에 끼어있어 보면 특별히 다정한 말을 주고받는 것도 아니다. 물건을 팔 때는 손님에게 큰소리로 인사하고 함께 웃는다. 하지만 가끔씩 둘만이 아는 눈빛과 미소를 발견한다. 그 순연한 표정에는 말로 표현하기 어려운 무엇이 있다. 저녁이면 각자의 집으로 돌아갔다가 다음날이면 어김없이 함께 있다. 때로는 음식을 우물거리고 소곤거리며 무엇이 좋은지 항상 웃는다. 어느 재벌들보다 그들이 부럽다.

유안진 선생의 「지란지교를 꿈꾸며」라는 시가 있다. 오래전 읽었지만 내용은 지금도 선명하다. 세수를 하지 않아도, 옷을 잘 챙겨 입지 않아도, 맨발로 만나도 언제든 편한 사람, 맛있는 음식이 생기면 찾아가고, 옷에 김치 국물이 묻어도 말없이 닦아주는, 그런 친구를 기다린다고 했다. 나 역시 어릴 적 친구는 거의 잃었고 그런 사람 하나를 지금껏 기다린다.

한 동네에서 오래 살다보니 자주 만나 밥도 먹고 대화도 하는 동네친구가 몇 사람 있다. 혹시 친애하는 마이 프렌즈가 그 속에 있지 않을까, 마음의 눈을 크게 뜨고 찾는다.

(2016년)

세상에 이런 일이

'세상에 이런 일이'라는 프로그램을 보다보면 참 별일도 다 있구나 싶다. 하지만 최근 그보다 윗길인 사건이 있었다. 어떤 여자 목사가 만들었다는 사이비종교인데 설교 중에 신도들을 불러내어 머리며 온몸을 사정없이 때린다. 몸속에 있는 마귀를 쫓아내는 의식이라고 한다. 성경책 어느 구절에서 찾아냈다고 하는데 타작마당이라는 이름을 달고 말 그대로 사람을 타작한다. 목사가 신도를 때리는 것도 모자라 가족을 불러내어 서로의 뺨을 때리게 한다. 엄마와 딸을, 남편과 아내가, 아버지가 아들을, 놀람을 넘은 큰 충격으로 다가온다.

그간 여러 사이비종교가 생겨 사람을 홀리고 재산을 가로채고 혹세무민하다가 사라졌다. 별별 이상한 일이 다 있었다. 몇십 명이 천장에 올라 숨어 있다 죽은 오대양 사건이며, 무차별

사린가스를 배포한 옴 진리교, 인민사원을 세워 강제 노동을 시키다, 900명을 넘게 죽인 짐 존스, 심지어는 진돗개를 신으로 받들어 모시는 웃기는 종교도 있었다.

하지만 이번에도 잔인함이 도를 넘었다. 그 여자에게 누가 목사직을 허락했는지는 모르지만 신앙에 의지하는 사람들을 세뇌시켜 자신의 노예로 만들었다. 마귀를 쫓는다는 그 의식의 밑바탕에는 여자의 심오한 계획이 숨어있다. 교인들 재산을 정리해서 피지로 데리고 간 것도 그렇고, 자급자족한다며 임금도 주지 않고 일을 시킨다. 그리고 예배 중에 불러내어 마귀를 쫓아내야 한다며 직접 때리고 또 서로를 때리게 한다. 그들의 의도는 너무도 뻔하다. 공포감을 조성하여 반항을 못하게 하고 서로를 아프게 하고 상처주다 보면 원망이 생기고 가족관계는 해체된다. 돌아갈 곳이 없게 되면 충성심이 더 강하게 되고, 그렇게 헌납된 돈은 부동산을 늘리며 자신들의 배를 불린다.

부모를 따라간 어린것들을 그토록 무자비하게 때리는 데도 항의하는 사람이 없다. 그것은 자신들 속에 마귀가 있다는 것을 인정하기 때문이다. 교인 중의 몇몇이 제정신이 돌아와 탈출하여 세상에 알리지 않았다면 알지 못했을 사건이다.

타작을 해서 알곡과 쭉정이를 가른다는 말은 성경 속 어디에서 본 것 같다. 이건 순전히 내 생각인데 인간을 알곡과 쭉정이로 가른다는 뜻은 아닐 것이다. 한 번뿐인 생을 선하고 알차게 살아가라는 가르침이 아닐까. 하나님이 만든 것 중에 쭉정이는 있을 수 없다. 콩 타작하고 남은 껍질도 돼지를 먹이거나 연료로 쓴다. 잘났든 못났든 설혹 세상에 누를 끼쳤다고 해도 자연 속에 쓸모없는 것은 없다.

가장 이해할 수 없는 부분은 교인들의 태도다. 조사반이 들어가 압수되어 있던 여권을 돌려주어도 남아서 목사에게 충성하며 살겠다고 한다. 어렵게 찾아간 아버지가 아들에게 울면서 돌아가자 하소연해도 차갑게 외면한다. 무엇이 사람을 노예로 만들고, 옳고 거름을 판단하지 못하게 하는지 답답하다.

언론에 노출된 여자목사는 자신은 죄가 없고 오직 하나님의 말씀대로 했다고 주장한다. 자못 당당하여 조금의 죄책감도 없다. 목사와 그 아들을 마주 앉혀서 타작마당을 열어 서로의 뺨을 때려본다면 어떨까. 하나님은 무얼 하시느라 그들을 잘 살게 내버려두는지 참 알 수 없다.

(2018년)

다 한때

근래에 위층 사는 부인을 뵙지 못했다. 궁금하던 차에 그 아들을 승강기 안에서 만났다. 그녀는 여러해 전에 남편과 사별하고 혼자 살았는데 전화를 받지 않아 와보니 이미 돌아가셨다고 한다. 본인이 떠났으니 부고를 받지 못해 조의도 표하지 못했다. 40대 중반 비슷한 시기에 이사 와서 서로 오가며 안부를 묻고 건강이며 계절 이야기를 하던 사이였다. 얼마 전에는 그 집 막내아들의 성대한 결혼식에도 참석했는데, 정작 본인이 떠날 때는 혼자였다.

그래도 고인의 가족에게 인사는 해야 할 것 같아 연락을 하면 이상하게 달가워하지 않는다. 귀찮아하는 것을 역력히 느끼면서도 여러 번의 전화를 하고서야 상주를 만났다. 집안은 살던 모습 그대로였다. 다만 난방을 하지 않아 썰렁하고 사람 흔적이 없으니 좀 으스스했다.

그녀는 아주 고상한 취향을 가졌다. 늘 단정한 옷과 특이한 머리스타일을 했고 가방이며 옷도 이름만 들으면 알만한 유명 브랜드가 많았다. 나는 게을러서 모자를 쓰고 다니는데, 그녀는 머리를 정갈하게 틀어 올리고 화려한 화장과 반짝이는 핀을 선호했다. 부엌 찬장 속 그릇들도 하나같이 명품인데 주인을 잃어 그런지 빛이 바래보였다. 7, 80년대에 유행했던 화려한 자개장롱도 있다. 그 당시 아파트 한 채 값을 주고 장만했다는 말을 들었다. 방방이 가득한 가구며 옷을 어떻게 할 거냐 물어보니 그림 몇 점을 제외하고 거의 버리게 될 거라 한다. 옛날 같으면 부모가 쓰던 가구들은 대물림 되지만 지금은 공간을 많이 차지하기 때문에 환영받지 못한다. 부모가 살던 집은 팔아서 나누어가던지 아니면 자녀 중의 한 가족이 들어와 산다. 최초의 입주민인 나도 이제 모르는 얼굴이 더 많아졌다. 새삼 사람한살이의 허무함을 떠올려 보지만 누구도 그것에서 예외일 수는 없다.

필요한 것이 있으면 골라가라는 말을 들으며 순간 욕심이 생겨 이것저것 둘러보았다. 하지만 곧 그만두었다. 나 또한 필요한 것이 없다. 그 집 며느리가 살림살이 처리할 걱정을 하는 것을 보며 돌아와서 이 방 저 방을 둘러본다. 누구든 밤새 떠나지 말란 법이 없기에 정리하고 줄여야하는데 막상 실천에 옮기려니 쉽지가 않다. 혹시 나중에 아이들에게 필요한 것이 있지 않을까 망설여지고, 장만할 때 얼마였는데 하는 마음을 떨쳐버리지 못한다.

나 역시 열네 자 자개장롱을 흠모하여 잠을 설치던 때가 있었다. 그 화려한 십장생 무늬가 반짝이며 눈앞을 날아다녀 참을 수 없었다. 여러 날 고민하다 장인을 찾아다니고, 마침내 문갑과 화장대까지 포함해서 들여놓았다. 하지만 무리한 지출로 산 가구의 포만감은 그렇게 길지 않았다. 밤낮으로 닦다가 덤덤해지고 시들해지며 마침내 잊혀졌다. 지금은 처치곤란의 물건이 되어 자리만 차지하고 있다. 누구나 젊어 한때는 무엇이든 불리고 모은다. 사과 상자를 주워와 책상으로 쓰던 때도 있었고, 짤순이를 사서 신기해하며 기저귀를 짜던 순간도 있었다. 작은 냉장고를 큰 것으로 바꾸었을 때, 발이 공중에 떠서 날 것 같았던 기쁨을 기억한다. 싼 옷만 사 입다가 처음으로 명품을 입어보던 순간도 낡은 가방이나 신발처럼 마음 안 창고에 쌓여있다.

하나둘 사 모은 옷이 행거에 가득하다. 지금은 살이 쪄서 입지 못하는 옷도 언젠가는 다시 날씬해져서? 입게 될 희망을 버리지 않는다. 얼마 전 딸에게 엄마가 쓰던 것을 가져가겠느냐고 물었더니 화부터 낸다. 물론 이별을 예감한 민감한 반응이지만 손때 묻은 것들은 곧 쓰레기로 변해 흩어질 것이다.

눈만 뜨면 흉한 사건과 사고로 얼룩진 세상에서 모처럼 가슴 뭉클한 소식이 화면 가득 흘러나온다. 페이스북CEO(최고경영자)

인 마크 저커버거가 그의 아내와 함께 딸 맥스를 안고 웃고 있는 모습이다. 그는 딸에게 보내는 편지에서 '우리는 딸이 현재보다 더 나은 세상에서 살기를 바란다'며 자기가 가진 페이스북 지분의 99%를 사회에 환원하겠다고 한다. 주식의 가치는 450억 달러, 약 52조에 달한다. 저커버거는 올해로 서른두 살이라 한다. 그 나이에 가족의 소중함을 알고 통 큰 나눔의 마음은 어디서부터 온 것일까. 보통의 젊은이라면 자신의 앞가림도 하기 어려운 나이다. 전생에서부터 배워오지 않고서야 결코 알 수 없는, 차원이 다른 사람이 있다는 것은, 찬탄을 넘어 경이롭기까지 하다.

나는 어릴 적 빈곤의 갈증으로 화풀이하듯 평소 갈망하던 것들을 사들였던 것 같다. 잠깐의 욕구가 채워지면 또 그다음 것을 사기 위해 동분서주했다. 하지만 후대에 남겨 명품이 될 만한 것은 안목이 없어 얻지 못했다. 생각하면 결국 쓰레기를 사 모으며 흡족해 했다. 좀 더 알뜰히 모았다면, 그래서 이웃을 위해 나누었다면 어땠을까. 하지만 그 또한 늦어 버린 것 같다.

이제 살고 남은 찌꺼기를 정리할 때다. 그래, 그 모두가 다 한때였다.

(2016년)

수절이라는 단어

아침마당이라는 프로그램을 본다. 나이 지긋한 남녀들이 나와 제2의 인생을 함께할 동반자를 찾고 있다. 이혼이나 사별을 겪었고, 친구 같은 상대를 만나 여행을 다니며 행복해지고 싶다는 소망을 말한다. 남자는 늙을수록 여자의 손길이 필요하지만 70이 넘은 할머니도 짝 찾는 대열에 합류한 것은 놀랍다. 자식 잘 길러 성혼시키고 이제 용기를 낸 것이란다. 좋은 시절 탓인지 하나같이 나이를 가늠하기 어려울 만치 고운 모습이다. 나는 내 한 몸도 귀찮은데 대중매체에 나온 용기가 대단하다. 그중에 고희를 넘긴 할머니가 무려 다섯 살 아래의 연하와 사랑이 이루어져 행복에 겨운 미소가 가득하다.

불과 50여 년 전만 해도 여자에게 이혼이나 재혼은 자유롭지 않았다. 조선의 유교사회는 열녀는 두 남편을 섬기지 않는다는 제도를 만들었다. 그래서 여자의 입을 막고 손발을 묶었다. 행세깨나 한다는 양반집에서는 지아비가 죽으면 무조건 수절이고 아니면 과부된 며느리가 남편을 따라 죽어주기를 은근히 강요했다. 그래야 그 집안이 인정을 받고 열녀를 배출한 가문의 반열에 오른다. 그런 희생으로 홍살문이 서고 그 후광으로 자제들의 과거급제와 벼슬길이 열렸다.

강제에 의한 것이 아닌 자발적인 수절도 많았다. 그것은 오랜 관습 속에 암묵적으로 길들여진 여자의 운명이기도 했다. 남북 이산가족 상봉 당시에 남편을 기다리며 수절한 여인들이 많이 있었다. 기억나는 사람으로는 이춘애, 정귀엽 같은 할머니들이다. 그들은 50여 년의 세월을 자식을 기르며 장사로 혹은 농사를 지으며 북의 남편을 기다렸다. 그중에 정귀엽 할머니는 시어머니를 모시며 남편의 사망신고도 하지 않은 채 살아왔다. 헤어질 때의 애절한 마음을 철석같이 믿었기에 서로를 기다려 줄 것을 의심하지 않았다. 그녀가 했던 말도 생각난다.

"이 남자 저 사내 옮겨 다니면 개와 다를 것이 무엇이요. 나만 바라보는 시부모를 버릴 수 없었소."

교육조차 허락되지 않아 글 한 줄 읽고 쓰지 못해도 그녀의 말은 울림이 깊었다. 하지만 상봉장에서 만난 남편들은 하나같이 새로운 가정을 꾸리고 김일성의 주체사상만 숨 가쁘게 선전

하다 돌아갔다. 다만 수절로 기다린 여자들은 허리 굽은 할미꽃으로 변해 기쁨인지 원망인지 모를 눈물을 흘렸다.

옛 여인들 중에는 똑똑한 여성이 많았다. 지혜와 솜씨를 남자들이 이길 수 없었다. 그래서 칠거지악이라는 제도를 만들어 집에 가두어 놓았다는 설도 전해온다. 이제 여자들은 남편의 폭력이나 무능을 참지 않는다. 수절이라는 단어를 입에 담는 사람도 없다. 결혼한 부부 세 쌍 중에서 한 쌍은 헤어지고 다시 만나 새 출발을 한다. 엄마의 새로운 결혼으로 아이들은 친아버지 성을 버리고 새 아버지 성을 얻기도 한다. 성균관 관계자들이 호주제 폐지를 반대하며 머리카락을 밀고 항거했지만 결국 가족법도 고쳐졌다.

얼마 전 남편의 지인이 세 번째 결혼을 하였다. 여러 번 이혼하고 결혼하는 것을 보며 부러운 듯 한마디 했다. 자신은 결혼을 언제 했는지 기억도 없는데 세 번씩 하는 사람은 무슨 복(?)을 타고났는지 모르겠다고 한다. 게다가 상대는 젊고 예쁘고 교수라며 칭찬일색이다. 질기게도 오래 함께 사는 내 처지가 은근히 미안해지는 순간이다. 물론 농담이라는 것을 알지만 그와 나 함께한 50여 년을 돌아본다. 힘겨운 고비마다 금성과 화성의 수 만년 떨어진 다른 별에서 왔음을 인정해야했다. 한세상 다 살고 보니 해법은 멀리 있지 않았다. 서로의 다름을 인정하는 것, 그 속에 답이 있을 것 같다.

이제 수절이라는 단어는 고어사전 속에서 찾아야 할지 모른다. 공영방송에서까지 노인들 짝을 찾아 주겠다며 적극 나서는, 그만큼 개인의 행복을 소중히 여기는 개방된 사회가 되었다. 하지만 그 사랑을 지켜내려면 지혜와 인내가 꼭 필요하다.

(2015년)

쌀 밥

갓 찧은 하얀 쌀밥 한 그릇 먹고 싶다. 반찬은 필요 없다. 그냥 밥만 먹어도 원이 없겠다. 과거에는 없어서 못 먹은 쌀밥, 지금은 넘치게 남아도는 데도 바라만 볼 뿐이다. 50년 가까이 한솥밥을 먹는 사람은 당뇨가 있고, 나는 온몸에 지방이 잔뜩 끼어있다. 내 무릎 수술을 해준 의사는 진료를 받으러 갈 때마다 섬뜩한 조언을 아끼지 않는다.

"또 체중을 그대로 모셔 왔군요. 살을 빼지 않으면 왼쪽 무릎도 마저 수술해야 합니다." 하며 어지간히 겁을 준다. 지방간에 콜레스테롤까지 삼박자를 고루 갖추고 있다니 이를 어쩌랴. 설탕은 달콤한데 해롭고 쌀은 탄수화물이라는 물질이 있어 성인병의 원인이 된다. 없어서 못 먹던 귀한 쌀이 왜 그런 대접을 받게 되었는지 모를 일이다.

내가 자랄 때는 전쟁이 끝난 후라 생필품이 거의 전무했지만 무엇보다 쌀을 구하기 힘들었다. 식구는 많고 매일 가마솥으로 가득 삶는 것은 보리와 콩이었다. 보리쌀은 초벌로 삶아서 소쿠리에 담아 부엌 천장에 매달아 놓는다. 그것을 다시 솥에 넣고 쌀은 한 공기정도를 귀퉁이에 살짝 얹었다. 시집 갈 때까지 쌀 한 말을 못 먹었다는 말이 회자되는데 내 경우가 아닐까 한다.

참 아이러니하게도 쌀밥 구경하기 어려운 집에서 쌀장사를 했다. 직업이 소방공무원으로 평생 무엇을 팔아본 경험이 없는 아버지가 왜 갑자기 쌀장사를 했는지 그때는 몰랐다. 그런데 우리 아버지, 장사하는 모습은 참 독특하고 이상했다. 보통은 됫박에 담은 쌀을 자로 싹 밀어내다가 끝에 조금 남겨서 판다. 약간의 덤으로 만족하라는 한국인의 심성과 배려가 담겨있다. 그런데 아버지는 그냥 고봉으로 담아준다. 장사는 잘되었지만 직접 농사를 짓는 것도 아니니 뒤로는 밑지고 있었다. 가끔 쌀을 팔고 있는 아버지를 보았는데 어린 마음에도 걱정과 염려가 밀려왔다. 엄마를 비롯해서 이웃들이 그렇게 장사하면 망한다고 해도 소용이 없었다. 모두들 어려우니 조금이라도 더 주어야 마음이 편하다는 지론이셨다. 물론 쌀장사는 몇 년을 못 넘겼다. 재산을 다 넣고도 남은 것은 빚더미였다. 다행히 복직은 되었지만 그때 진 빚은 돌아가실 때까지 가족을 괴롭혔다.

그 귀하던 쌀이 지금은 지천으로 남아돈다. 술을 만들고 쌀로 국수와 빵을 만들어도 소비는 갈수록 줄어진다. 쌀밥이 몸에 해롭다는 딱지가 붙고는 너도나도 멀리한다. 아시아인의 몸은 쌀로 이루어졌다고 해도 과언이 아니다. 하지만 쌀을 피하고 거의 먹지 않는 사람도 주변에서 많이 본다. 남편은 잡곡밥을 싫어한다. 어릴 때 풀떼기며 보리밥을 질리도록 먹었다고 한다. 그래도 못 들은 척 현미에 콩과 귀리, 아니면 좁쌀이나 동부를 섞는다. 그러면 얼마나 오래 살겠다고 맛없는 잡곡밥만 주냐며 투정을 한다. 어떤 날은 멀건이 바라만보다 수저를 놓는다. 먹는 것이 적으니 살은 자꾸 빠진다. 참 이상한 것은 같은 음식을 먹는데 그는 빠지고 나는 왜 찌는지 그것을 모르겠다.

갓 찧은 햅쌀이 선물로 들어올 때도 있다. 그런 때는 큰맘 먹고 며칠 하얀 쌀밥을 한다. 그러면 그도 숟가락질이 바빠지고 반찬이 없어도 밥 한 그릇을 뚝딱 비운다. 나도 내일은 모르겠다며 쌀밥의 유혹에 빠지고 만다. 그 부드럽고 구수한 맛에 취해 건강은 잠시 잊는다. 하지만 아침에 체크를 하면 어김없이 그는 당이 올라가 있고 나도 체중이 늘었다.

치킨이며 피자, 빵 이런 맛있는 것들에는 왜 지방과 탄수화물이라는 것이 있는지 안타깝다. 따져보면 쌀에게는 책임이 없다. 너무 깎아내어 영양을 손실하게 만든 사람 탓이다. 자라는 어린아이들에게는 현미보다 부드러운 흰쌀밥이 좋다고 들었다. 키를 크게 하고 두뇌 발달에 없으면 안 되는, 식품의 으뜸은

쌀이 아닐까.

탈북자들의 말을 들어보면 지금도 이북아이들은 밀가루에 토끼풀을 섞어 죽을 끓여 먹는다고 한다. 하루에 두 주먹 정도의 쌀을 배급해 준다니 가슴이 아픈 것을 넘어 화가 치민다. 이밥에 고깃국을 배불리 먹여준다는 약속을 한 지가 언제인데 아직도 끼니를 이어가기 어렵다들었다. 가공할 체재 속에 가두지만 않았어도 스스로 장사하고 농사지어 부자로 살 부지런한 민족들이다. 남아도는 식량을 보내주어도 변방의 가난한 백성은 구경도 못한다니 이를 어쩌랴. 뼈가 앙상한 아이들을 볼 때마다 위정자들이 원망스럽다.

나는 오늘도 율무에 잡곡을 섞어 지은 새까만 밥을 입에 넣고 우물거린다. 껄끄럽고 밍밍하여 목 넘김이 힘들다. 아! 갓 찧은 하얀 쌀밥, 한 그릇, 아니 두 그릇쯤 실컷 먹고 싶다.

아랫집 할머니

아랫집 할머니와는 비슷한 시기에 이웃이 되었다. 나는 그분을 사모님이라고 부르며 깍듯이 대했다. 차림은 멋쟁이로 부유한 귀태가 흘렀다. 명문여고를 나왔다고 했고 성격은 까다로워서 좋은 사람과 싫은 사람을 가렸다. 대화를 하다 의견이 다르면 화를 잘 내고 훈계도 만만치 않았다. 그래도 나와는 비교적 잘 지냈다. 들고 있는 백이나 옷이 좋아 보인다고 하면 외국브랜드라는 것을 꼭 집어주고 친절하게 구입한 비용까지 알려주었다.

할머니의 아들은 교수님이고 며느리는 미국 유명대학을 나왔다고 자랑을 했다. 이웃을 만나면 그 말을 되풀이하고 다녀서 듣기 싫다며 피해 다니는 사람도 있었다. 나 역시 오라는 데는 없어도 갈 곳은 많은데 만나면 놓아주지 않아 난감할 때가 있었다. 나이도 열 몇 살이 위라 참고 들어주지만 쉽게 끝나지 않는 것이 문제였다. 이야기의 주제는 자신의 몸이 아픈 상태부터 집안의 인맥이며 여행, 일상사를 무한 반복한다.

그녀는 운동도 하고 동창회도 다니며 씩씩하게 지냈는데 어느 날 외국에서 살던 아들 가족이 돌아왔다. 손자손녀를 합해 네 식구였다. 처음 아들네가 들어왔을 때는 무척 좋아했는데 시간이 지나면서 오히려 더 외로워 보일 때가 있었다. 전부 직장으로 학교로 가고나면 무료한 시간만 남는다. 혼자 밥 먹고 혼자 지내기는 달라진 것이 없었다. 그럴 때 가끔씩 우리 집에 오시기도 했다. 요가를 같이 다녔는데 수영을 많이 해서 나보다 체력이 좋았다. 최근에는 통장을 하나들고 와서 다른 은행으로 좀 옮겨달라고 한다. 통장에 거금이 들어있다고 해서 놀랐다. 나는 아무에게도 보이면 안 되고 아들며느리와 의논하라며 좀 야멸차다싶게 돌려보냈다.

어느 날 현관을 두드려 나가보니 돈 2만원만 빌려 달라고 한다. 다른 때 같으면 들어오라고 했을 텐데 그날은 손님이 와서 바쁘게 저녁 준비를 하던 중이었다. 잔돈이 없나보다 생각하고 무심하게 돈만 드렸다. 그리고 다음날 또다시 문을 두드렸는데 이번에는 돈을 도로 가져 왔다. 무언가 할 말이 있는 듯 보였지만 모른 척 돌려보냈다. 그 다음날 오후 3시쯤 산책을 하려고 막 현관을 나서던 참이었다. 그 순간 화단에 쿵하고 무언가 떨어졌다. 경비에게 "아저씨 무슨 소리가 났는데 한번 가보세요." 하고 말했다.

경비는 사람이 위에서 떨어졌는데 자신은 배정 받아 온지 며칠 되지 않아서 누군지 모르겠다고 한다. 경황없이 화단으로 내가 뛰어갔고 놀랍게도 아랫집 할머니라는 것을 확인했다. 그 뒤 119와 병원차가 오고 사람들이 몰려왔지만 아들 가족에게는 연락이 되지 않았다. 그때 처음 안 것인데 가족이 없으면 시신을 옮기지 못한다고 한다. 할머니와 무슨 인연이 남았는지 마지막을 보게 되고 관계자에게 상황을 반복해서 설명해야 했다. 경찰들과 함께 현관문을 따고 들어가 할머니가 떨어진 방을 살펴보았다. 창가 침대 위에 의자 하나가 덩그러니 얹혀있었다. 분명 불편한 것 없는 좋은 방이지만 노인의 외로움이 느껴지는 쓸쓸한 공간이었다.

장례식에서 만난 며느리는 치매증세가 있고 소변을 흘려서 요양원에 보내려고 준비 중이었다 한다. 할머니는 강하게 반발했고 집에 간병인을 불러달라는 주문을 했지만 받아들여지지 않았다. 평소에도 요양원은 가지 않겠다고 자주 말했다. 자존심이 강한 할머니가 상처를 받았으리라는 것을 짐작해볼 뿐이다. 그제서야 이것저것 건강식품을 구입해 달라고 부탁하던 일이 치매전조였다는 것을 알았다. 그날 이후 뭔지 모르지만 아래층 가족을 만나면 서로 어색해 한다. 여기서 누가 옳고 그르다는 말은 하고 싶지 않다. 세상이 바뀌었고 효의 방식도 달라졌다.

할머니가 그렇게 가신 후 나에게 이상한 병이 생겼다. 화단에 누워 계신 마지막 모습이 사진처럼 머리에 찍혀 밥을 먹어도 잠을 자도 그 영상에서 벗어날 수가 없다. 자책감도 들었다. 돈을 빌리러 왔을 때 집으로 모셔서 대화를 나누었다면 결과는 달라지지 않았을까로 시작해서 분명 나도 귀찮아하는 마음이 있었다는 것을 부인하지 못한다. 외로운 사람의 말을 들어주고 공감했다면 그런 선택은 하지 않았을지 모른다. 시간이 지나면 나아지겠지 했는데 꿈에도 보이고 밤만 되면 거실에 혼자 있지 못하는 증세까지 왔다. 신경정신과에 진료를 받아보니 외상후의 스트레스장애라고 한다. 몇 차례 병원을 다녔지만 상담비가 의외로 비싸서 그만 두었다.

세상은 누가 가고 오던 달라지는 것은 없다. 여전히 비가 오고 바람이 불고 꽃은 피어난다. 할머니가 떨어져 돌아가신 자리에 향나무가지가 부러진 흔적이 있었지만 보기 싫다는 의견으로 말끔하게 다듬어졌다. 누구에게나 생의 끝은 한이고 슬픔이다. 그래도 김국환의 노래 '타타타'처럼 옷 한 벌은 건졌으니 수지맞는 장사라는 마음을 나 역시 잊을 때가 많다.

우리 집 베란다에 핀 호접란은 물만 먹고도 많은 꽃을 피워 올렸다. 그 마지막 한 송이가 떨어지지 않고 홀로남아 무려 8개월을 버텼다. 긴 줄기 끝에 매달린 시들은 꽃을 보기 싫다고 떼어버리라 했지만 나는 기다려 주었다. 그리고 10월 중순쯤에 꽃잎은 소리 없이 자연으로 사라졌다. (2015년)

야생의 습관

지하철역에는 언제부턴가 방호벽이 설치되었다. 스스로 삶의 끝을 정하고 무작정 뛰어내리는 사람들 때문이다. 막대한 예산을 들여 만들었기에 그 여백에는 광고물과 함께 띄엄띄엄 시가 걸려있다. 높은 분들 중에서도 시를 좋아하는 이가 있었는지 참신한 발상이다. 사람 사는 모습은 대개 비슷하다. 잠깨어 눈비비면 밥 한술 떠먹고 일터로 향한다. 일에 쫓기고 돈에 쫓기며 내일을 걱정한다. 달라질 것 없는 지루한 일상에 시를 읽으며 잠깐의 위로를 얻는다.

나도 눈이 가는 곳에 있는 시를 찾아 읽는다. 하지만 어려운 시는 좋아하지 않는다. 이해가 부족한 것이 원인이지만 시를 읽을 때만은 편하고 싶다. 사는 것도 힘든데 이해하지 못하는 어려운 글을 읽으면서 머리를 쥐어짜고 싶지 않다. 그러기에 '그래 그렇지' 하고 공감할 수 있는 그런 글을 좋아한다. 가끔 내면을 움직이는 시 한 편을 만나면 감동을 오래 간직하려 한다.

지하철 속의 사람들 표정은 알기 어렵다. 바위 같은 완고함을 지녔다. 눈을 감고 있거나 아니면 스마트폰만 휘젓는다. 가방을 맨 학생, 일하러가는 아주머니, 어디 가는지 묻고 싶은 허리 굽은 노인들, 모두는 삶의 고단함이 묻어난다. 내 옆의 두 스님도 스마트폰을 만지고 있다. 무심을 구하러 다니는 승려는 세상일 무엇이 그리 궁금한지 기계에 마음을 뺏겨버린 것 같다. 그럴 때 방호벽의 시 한 편은 잃어버린 감성을 찾게 해준다.

다행스럽게도 우리에게는 좋은 시인들이 많다. 나는 평범한 사람이라 역시 윤동주 님과 서정주 님을 좋아한다. 그분들의 시를 읽으면 시대의 아픔과 고통이 느껴진다. 정호승 님의 시도 좋아하는데 삶을 생각하게 하는 깊이가 있다. 그분들의 시는 한글만 알면 누구나 이해한다. 그렇다고 품격이 떨어지냐 하면 그렇지 않다. 늘 쓰는 단어로 알기 쉽게 쓴 시들이다. 요즘에는 신문에도 좋은 시가 많이 실린다. 은빛 잔잔한 물결 같은 시 한편을 보는 날은 횡재만난 듯하다.

최근에 읽은 것 중에 「여전히 남아있는 야생의 습관」이라는 글 한 편을 여기에 옮겨 보고 싶다.

> 서너 달에 한번쯤 잠시 거처를 옮겼다가 되돌아오는 습관을

버거워 하면 안 된다
서너 달에 한 번쯤, 한 세 시간쯤 시간을 내어 버스를 타고 시흥이나 의정부 같은 곳으로 짬뽕 한 그릇 먹으러 가는 시간을 미루면 안 된다
죽을 것 같은 세 시간쯤을 잘라낸 시간의 뭉치에다 자신의 끝을 찢어 묶어 두려면 한 대접의 붉은 물을 흘려야 하는 운명을 모른 체하면 안 된다
자신이 먹는 것이 짬뽕이 아니라 몰입이라는 사실도, 짬뽕 한 그릇으로 배를 부르게 하려는 게 아니라 자신을 타이르는 중이라는 사실까지도.

1960년대에 이병률이라는 시인이 쓴 글이다.

내 젊은 날은 누구도 아닌 스스로와 싸우느라 힘겨웠다. 어깨의 짐은 얼마나 무거운지, 왜 떨쳐버리지 못하는지 안타까웠다. 가족을 위해 나를 반납했지만 내면은 길들여지지 않았다. 매인 데 없이 떠다니는 운수납자(雲水衲子)가 부러웠다. 시간이 조금 생기면 버스를 타고 무작정 돌아다녔다. 산에 가고 강에 가고 장이 서는 곳을 찾아다녔다. 그렇게 다니며 피곤에 절어, 쓰러지기 직전에 돌아와야 하루가 지나갔다. 여느 주부들처럼 집안을 명경처럼 닦고 맛있는 반찬을 만드는 소질은 없었다. 틈만 생기면 어딘가로 훌쩍 떠나야 숨을 쉴 수 있었다. 미안해하면서 역마살 탓이라 둘러댔다.

이병률 시인은 돌아다니는 습관을 미워하면 안 된다고 말한

다. 그것은 인류가 태초부터 가지고 있던 야생의 본능이라 정의를 내린다. 먹이를 찾아 산과 들을 어슬렁거리는 호랑이며 표범, 조상들의 오랜 습관이 우리의 피 속에 저장되어 있기에 오히려 붙박이로 살면 안 된다고 다그치기까지 한다. 지금이라도 늦지 않으니 의정부나 시흥으로 가서 짬뽕 한 그릇을 사먹고 오라한다. 짬뽕 국물에 코를 처박고 몰입하는 순간 마음은 가라앉는다. 그렇게 타이르고 돌아오면 또 며칠 살아갈 에너지를 얻는다. 그래서 지금 작정도 없이 지하철을 타고 간다.

나는 요즘에서야 누구의 가슴에나 시어가 숨어있다는 것을 알게 되었다.

인생 70십을 넘어선 남편도 어느 날 갑자기 시를 쓴다. 50여 년을 함께 살아오며 그가 시인이 될 것이라고는 꿈에도 생각해 본 적이 없다. 그는 현실주의자로 주어진 자리를 지키는 생활인이다. 평생 가족에게 다정한 한마디를 표현한 적이 없는데 시를 쓴다니…. 새삼스레 자연을 말하고 사랑을 이야기하며 그에 맞는 단어를 찾아 헤맨다. 어딘가 깊숙이 숨어있다 뿜어져 나오는 화산처럼 가슴 바닥에 있었나 보다. 매사 소심한 나는 더 공부해야 한다며 극구 말렸지만 밀어 붙이는 성격답게 책을 내고 등단도 했다. 완벽하게 정제된 시가 아니라 해도 무슨 문제겠는가. 눈으로 보고 느낀 것을 글로 표현한다면, 그리고 행복하다면 그것으로 족하다.

스마트폰을 검색하고 있는 사람들의 가슴도 조금만 열어보면 수많은 감정이 숨어있을 것이다. 다정한 마음과 차가운 마음이 공존하고 더러는 별빛 같은 언어가 반짝이고 있을지도 모른다. 끓던 용암이 지표를 뚫고 나오기도 할 것이고 아니면 생활에 함몰될 수도 있다. 아무려면 어떠랴. 누구를 미워하는 마음보다는 시어가 숨어 있다는 것은 좋은 일이다.

나는 오늘도 오이도 종점 어디쯤 가서 뿌리 깊은 야생의 습관을 타이르고 돌아올 것이다.

(2015년)

여련화

유럽 여행길에 올랐다. 벼르기만 하다가 이루어졌기에 설레는 마음 숨길 수 없었는데 비행기 안에서 조그만 사고가 있었다. 스터디어스가 음료 서비스를 하는 중에 그만 내 얼굴과 옷에 토마토 주스를 쏟고 말았다. 나름 새옷으로 한껏 멋을 내었는데 난감하기 이를 데 없었다. 화장실에 가서 닦아보았지만 지워지지 않고 긴 시간 갈아입을 옷도 있을 리 없다. 참으려니 속이 끓고 편치 않았다. 무언가 강한 대응을 해야 한다 싶으면서도 입에서는 다른 말이 튀어나왔다. 괜찮다며 걱정하지 말라는 말을 해버렸다.

그렇게 작은 해프닝은 끝나고 여행지에 도착하여 관광을 하는데 일행 중에는 스님 한 분이 계셨다. 그는 최소의 경비로 지구촌 이곳저곳을 구경 다닌다했다. 같이 식사를 하는 중에 말씀하기를 비행기 안에서의 주스사건을 보았다고 한다. 보통 그런 일을 당하면 화를 내고 배상을 요구하는데 오히려 승무원의 손을 잡아주며 괜찮다고 하는 모습에 감동을 받았다고 한다. 자신은 오랜 세월 도 닦는 공부를 하고 있지만 만약 그런 일을 겪으면 화를 참지 못했을 거라 한다. 처음 만난 사람이 그것도 이름만 대면 알만한 큰절의 스님 칭찬을 들으니 좋기는 하지만 속으로 찔리는 것은 있다. 그것은 착해서가 아니다. 매사 감정을 솔직하게 표현 못하는 비겁의 소산물이라는 것을 나만은 알기 때문이다.

그렇게 한 열흘쯤을 같이 다니며 관광을 하고 밥을 먹고 대화도 많이 했다. 여행의 마지막 날 스님은 한지에 불명(佛名) 하나를 써주셨다. '여련화(如蓮花)' 평소 누구에게 줄까 아끼며 지니고 다니던 글자라고 했다. 이제야 주인을 만난 것 같다 하셨다. 내게는 어울리지 않는 이름이라 받기를 망설이자 손을 잡고 꼭 쥐어주셨다. 그렇게 헤어지며 스님은 무슨 법문하듯 긴 말씀을 주셨는데 요약하면 이런 말이다.

"보살님(스님들은 여자들을 만나면 보살이라고 부른다) 앞으로 남은 생은 참지마세요. 화를 많이 낼 필요는 없지만 피해를 입었으면 세탁비 정도는 받는 것이 마땅합니다. 비행기회사는 부자인데 누구를 위해 괜찮다고 양보합니까. 그럼 손해를 입어 보상을 받으면 나쁜 사람입니까. 순간의 감정을 속이는 것은 자신을 속이는 일입니다. 앞으로는 좋으면 좋다 싫으면 싫다 정확하게 표현해야 마음이 건강하고 주변도 편하게 됩니다."

순간 얼굴은 물론 가슴속까지 붉어졌다. 며칠 같이 다니며 스님은 길동무의 내면을 정확하게 간파했다. 인연 따라 잠시 만난 여인에게 불명을 주신 것은 비행기 안에서의 참을성이 썩 마음에 들었다는 뜻이 아니었다. 감정 표현에 서툴고 마음에도 없는 말을 하며, 참는데 길들여진 한 여자를 본 것이다. 그러기에 그 글자만 생각하면 알 수 없는 부끄러움이 일어 돌아와 애써 잊었다.

그해 여름, 일주일 명상을 가게 되었다. 물어물어 찾아간 곳은 산속의 깊은 오지였다. 이 세상이 아닌 듯 모든 것이 고요했다. 바람도 조용히 불고 햇빛도 은은하여 알 수 없는 미지로 들어간 것 같았다. 그곳에서는 세상에서 쓰던 이름이며 나이 학벌, 지위, 이런 것들은 모두 잊어라 했다. 그 대신 평소 좋아하는 단어 하나로 자신을 표현하란다.

마침 길목의 연못에는 백련과 홍련이 봉긋하게 고운 자태를 드러내고 있었다. 아담한 연못의 몇 송이 연꽃은 고즈넉하여 한눈에 들어왔다. 부평초 사이로 올라온 꽃은 소금쟁이 장난에 하늘거리고 넉넉한 잎은 개구리들의 놀이터였다. 먼저 온 사람들의 가슴을 보니 나무님, 꽃님, 열매님, 행복님, 그런 이름을 달고 있었다. 물방울이 연잎에 구르는 것을 보며 잊었나 싶었던 여련화라는 그 이름이 생각났다.

연은 진흙탕 바닥을 뚫고 나오기에 고난 끝에 열반을 얻는 불가의 상징이다. 또 모든 것을 내어주고도 무엇을 주었다는 마음이 없다. 아침이면 우아하게 피었다가 오후가 되면 수줍게 오므리고 마는, 필 때와 질 때를 아는 겸손, 부처께서 마하가섭에게 들어 보이고 함께 미소 지었다는 이심전심의 그 꽃이다.

그 명상센터에서 '여련님' 하고 부르면 '네' 하고 대답을 하며 정말 연꽃이 된 듯 편안했다.

요즘 느끼는 것은 틀어 안고 있는 것들에 대한 무상함이다. 시간은 광속으로 흐르는데 여전히 일상의 진부함을 벗어나지 못한다. 작은 것이라도 나누어야 마땅한데 실천이 어렵다. 가끔은 그렇게 살면 안 된다는 마음의 소리가 들린다. 감정표현에 솔직해서 자유로워지라는 스님의 말씀도 가슴 밑바닥에 일렁이고만 있다.

하지만 하나는 잊지 않으려한다. 사람이든 동물이든 거울에 비추는 그대로 보고, 좋다 나쁘다 편 가르지 않는 것, 어떤 모습으로 왔던 모두 잠시 서성거리다 떠날 여행객이다. 무심히 피었다 져버리는, 연꽃처럼 외로움 하나씩 끌어안고 있는 짠한 생명들이다.

(2014년)

이런 세상

화단의 새잎이 어제 돋아난 것 같은데 어느새 나무들은 옷을 벗었다. 춤추듯 내리는 첫눈을 바라보다 길에서 이웃 아주머니를 만났다. 모처럼 서로의 안부를 물으며 이런저런 이야기를 하는 중에 그녀는 요즘 어떤 의료기를 체험하러 다닌다고 한다. 귀에 이명이 울어 여러 해 고생 중인데 몇 개월 다녀보니 신기하게 좋아졌단다. 살도 많이 빠지고 아프던 무릎도 나았다 자랑하니 내 얇은 귀가 깃발처럼 흔들린다.

그 후 여러 번 다정하게 전화까지 해주어 짬을 내 따라가 보았다. 사무실에는 사람들로 북적이고 특히 중년과 노년의 여성들이 많았다. 낯선 데 가면 쑥스러움을 타는 성격이라 우물쭈물하는데 처음 왔으니 앞에 앉으라며 누군가 등을 떠민다. 30여 개의 둥그런 기계가 앞앞이 놓여있고 전선줄이 이리저리 엉켜

있는데 챔피온 벨트 같은 두꺼운 가죽허리띠를 배에 둘러준다. 찌릿찌릿 온몸에 전기가 통한다. 원장이 그것은 전기가 아니고 무슨 파동 같은 것이라 설명한다. 또 이 제품이 얼마나 획기적인 과학의 결과인가를 사무실이 쩌렁쩌렁 울리도록 강의한다. 그러고는 마이크를 돌려가며 그간 몸이 어떻게 좋아지고 병이 나았는지를 증언한다. 온갖 줄을 매달고 호응하고 박수를 치고 노래를 부른다. 무슨 사이비종교 모임에 동참한 느낌이지만 혹시 하는 기대를 저버리지 못한다.

늘 느끼는 것인데 한국여성들은 살림할 때 열심히 하고 놀 때도 화끈하다. 여행을 따라가 보면 모처럼의 집 떠남에 쌓인 스트레스를 과하게 푸는 여성들이 많다. 얼마 전 친구들과 2박 3일 여행을 다녀왔는데 한 친구는 여행 내내 춤추고 노래를 불렀다. 덩달아 즐거운 시간을 보냈지만 다녀와서 무엇을 보았느냐 물어보니 정작 어디를 갔다 왔는지 생각나지 않는다고 한다. 해서 한참을 웃었다. 이곳도 여성천국이라 반주가 없어도 유행가 가사를 개작해서 부르고 막춤을 서로 추려고 무대로 뛰어오른다. 진한 농담을 하다가 젊은 날 고생한 사연을 들려주고, 오래된 병을 공개하며 울먹이기도 한다. 어떤 여자는 항암치료를 받다 빠져버린 민머리를 가발을 벗어서 보여준다. 죽을 날을 받아놓은 자신을 이 의료기가 살렸다며 기염을 토한다. 퇴행성관절염이 나았다, 당뇨가 좋아졌다, 혈압약을 끊었다, 별별 사례들을 다투어 증언한다. 의료기는 한 많은 노인들의 화타가 되어 의사가 포기한 병을 고친다는 확신을 심어주기에 바쁘다.

이제 그만 다녀야지 하면서도 이웃의 전화에 거절을 못하고 또 따라나선다. 아니면 웃고 떠드는 시간이 맹물 같은 내 생활에 조금은 활력이 되었는지도 모르겠다. 한 열흘쯤 다녔나 싶은데 어느덧 나에게도 간증을 해야 할 순간이 왔다. 공짜로 이용한 만큼 여러 사람에게 도움이 될 만한 좋은 말을 해야 하는데 뚜렷하게 떠오르는 것이 없다.

그런데 참 놀라운 것은 마이크를 잡는 순간 예측 못했던 말이 튀어나오고 말았다. 체험관에 다니며 잠을 좀 편하게 잔 것 같다는 간단한 말을 했다. 그랬더니 원장께서 언제부터 잠을 못 잤느냐고 되묻는다. 실제 불면증에 시달린 지는 꽤 오래되었다. 그녀는 잠자는 약을 먹은 적이 있느냐고 물었고 별 뜻 없이 그렇다고 대답했다. 가끔 약의 도움을 받은 것은 사실이기 때문이다. 그런데 순간 원장은 내 손을 잡고 "여러분" 하며 큰소리로 대중을 집중시킨다.

"이 사람을 보십시오. 약의 도움 없이는 잠을 잘 수 없는 사람이 우리의 ○○을 열흘 남짓했는데 잠을 푹 잤다고 합니다. 이 여성은 여러 해를 수면제에 의지해서 살아왔습니다. 짧은 시간에 이런 효과를 얻었으니 몇 개월 꾸준히 다닌다고 생각해 보십시오. 이분은 이곳에서 기적을 만났습니다." 하고 외치며 큰 박수를 유도한다.

아차 싶었지만 이미 피할 길은 없었다. 물론 잠이 오지 않을 때 가끔 약을 이용하긴 했지만 상습적으로 먹지는 않는다. 효과를 모르겠다고 말하기가 미안해서 잠을 좀 잤다고 한 것뿐인데 졸지에 수면제 중독자로 전락했다. 모두들 웅성거리며 수많은 눈길이 내게로 몰린다. 이 사태를 어찌해야할지 붉어진 얼굴을 수습하기 어렵다. 그러다 한술 더 보태어 갑자기 '노래, 노래' 하며 외치는 군중의 힘에 떠밀려 그 잘하는(?) 노래까지 불러야 했다.

순간 '게오르규'의 소설을 영화화한 『25시』에서 '요한 모리츠' 역할의 '안소니 퀸'이 왜 생각났는지 모르겠다. 『25시』의 주인공 요한 모리츠는 원래 루마니아 사람인데 영문도 모른 채 유태인이라는 누명을 쓰고 끌려간다. 본의 아니게 사랑하는 아내와 아이들과 헤어져서 극한 상황으로 내몰려 사투를 벌인다. 죽음의 문턱을 넘으며 어찌하다 독일군에게 끌려가게 되는데 그들은 요한 모리츠의 이마와 코와 뺨의 길이를 자로 재어보고 순수 게르만족이라는 판정을 내린다. 루마니아인이 유태인이 되고 또 게르만족이 되어 영웅으로 떠올랐지만 그의 삶은 타의에 의해 결정되는 어이없는 상황에 몰린다. 영화말미에 아내가 성폭행을 당해 태어난 아이를 바라보는 착잡하면서도 어리숙한 눈빛은 지금도 잊히지 않는다.

나는 왜인지 늘 세상이 낯설다. 다들 어떤 시스템으로 돌아가는지 잘 알고 대처 하는 것 같은데 한 발만 나가면 실수하고 후회를 한다. 점심 먹자고 해서 따라가 보니 다단계 모임이기도 하고, 돈을 빌려주고 못 받아 친구, 친지, 여럿을 잃기도 했다. 잘못된 선택으로 억울한 일을 겪고, 부동산사기도 당했다. 다정하게 같이 가자고 졸랐던 이웃도 진정 내 건강을 위해서는 아니었다. 한 사람을 더 데려가야 체험을 연장할 수 있는 자격이 생긴다는 것을 나중에 알게 되었다.

의료기는 국내기업에서 만든 제품으로 여건상 광고가 어려워 자구책으로 그런 식으로 운영하고 있었다. 그러니 효과에 대한 강한 증거가 필요했고 병을 안고 사는 노인들의 입을 통해 알려야했다. 나이 들면 몸도 아프지만 외로움은 더 크다. 어쩌면 대화할 사람을 찾아 왔다가 춤추고 노래하는 분위기가 좋아 오래도록 다니는지 모른다. 같이 어울리다보면 플라시보 효과로 몸이 나아진 것 같은 느낌을 받을 수 있다. 그러다 어르신의 주머니를 터는 비리의 온상이 되기도 한다.

그날, 돌아오는 발밑은 눈으로 덮여있었다. 빙판에 넘어질까 조심하며 옆의 노인에게 넌지시 물어보았다.

"할머니, 여러 가지 병이 모두 나았다고 증언했는데 정말이세요."

그녀는 알 수 없는 미소만 흘릴 뿐 가타부타 말이 없다. 단지 오래 다니며 마이크를 자주 잡다보면 점점 농도가 진한 말을 할 수밖에 없다며 뒤끝을 흐린다. 나는 그렇게 또 낯선 세상 하나를 구경하며 빙판길을 더듬거린다.

(2015년)

이어도

아흔아홉 섬 가진 부자가 한 섬지기 가난한 백성의 땅을 빼앗는 것이 세상인심이라더니 그 말이 실감나는 요즘이다.

일본이 독도를 자기네 땅이라고 우기는 중에 또 중국이 우리 해역 이어도를 탐내고 있다. 중국은 2006년부터 갑자기 이어도를 쑤엔자오라는 자국명칭을 사용하며 감시선을 보내기 시작했다. 선박과 항공기를 동원하며 배타적 경제수역 안에 있는 이어도의 영유권을 주장한다. 침몰어선 인양 작업을 하던 우리 선박에 중국 관할 수역이라며 경고를 하고 위협을 가한다. 베트남 등 동남아 국가들과도 분쟁을 벌이고 있었지만 목소리가 그리 크지는 않았다. 그러나 이후 태도가 달라졌다. 해양감시선을 이어도 인근 해역에 보내어 순찰을 하고 이를 관영통신에 보도하며 자신들의 관할이라 억지 주장을 펴고 있다. 이어도는 눈에 보이지 않는 섬이다. 바다 표면으로부터 4.6m 해저 아래 암초로 되어있기에 파도가 심하게 칠 때나 썰물 때에 모습을 잠깐씩 보여준다. 그러기에 실제 본 사람은 많지 않고 물론 나도 본 적은 없다.

이어도라는 언어에는 온갖 상상을 하게하는 신비한 무엇이 있다. 옛 탐라 사람들은 섬에 살며 섬에 기대고 섬을 그리워하다 떠났다. 그러기에 신비한 전설이 이어서 내려온다. 그들에게 이어도는 그리움의 섬이고 한의 섬이었다. 고기잡이 나갔던 남편과 아들이 파도에 쓸리어 돌아오지 않으면 바다 밑 어디쯤 용궁에서 행복하게 살고 있을 거라는 상상을 하며 아픈 마음을 달랬다. 용왕이 계신 궁전에는 귀화요초가 가득하고 살아서는 꿈도 꾸지 못한 극진한 대우를 받는다. 아름다운 궁녀들에게 안겨 생의 고단함을 보상받는다는 전설이다.

나는 부산의 바닷가에서 자랐다. 유엔묘지가 있는 부근이었는데 그곳은 둥근 만으로 말굽자석 모양을 하고 있었다. 긴 솔밭을 지나면 아늑한 해변이 나오고 물이 빠진 개펄에는 먹을거리가 지천으로 널려있었다. 길옆 웅덩이에는 주먹만한 달팽이들이 쏟아 부어놓은 듯 가득했다. 파도가 순했던 그곳에서 친구들과 해초를 따고 조개를 잡았다. 솔밭 사이로 불어오던 비릿하며 상큼한 냄새는 아직도 코끝에 남아있다. 언젠가 일부러 시간을 내어 근방을 돌아보았는데 거대한 아파트가 들어서서 비슷한 곳도 찾을 수 없었다. 그곳에서 어디쯤 용궁이 있을까 상상했던 마음은 이어도가 실제 존재한다는 사실에 가슴이 두근거렸다.

우리나라는 이미 2003년에 이어도에다 해양 과학기지를 건설했다. 바다를 지키고 해양의 생태를 연구하기 위해서다. 그런데 갑자기 중국이 영유권을 주장하며 위협을 가한다. 거리로 보나 위치로 보나 억지 주장이라는 것은 그들도 모를 리 없다. 위치도 한국 남단 마라도에서 149㎞고 중국의 서산다오부터는 287㎞나 멀리 떨어져 있다.

중국은 수시로 관공선을 보내어 분쟁지역이 될 거라는 위협 경고를 한다. 여러 가지 세계정세로 볼 때 감수해야 하는 약자의 서러움, 분하고 억울한 일을 어떻게 이겨내야 할지 후손에게 큰 짐으로 남겨주게 되었다. 이해할 수 없는 것은 침묵하는 우리 대표자들이다. 북한이 천안함을 침몰 시키고 우리 장병을 수장해도 오히려 대한민국이 꾸민 일이라고 말하는 사람들이 있다. 금강산 관광객을 죽이고 연평도를 포격해도 우리 잘못이라 한다. 그들의 마음은 태평양보다 넓은지 무한정 양보하고 더 주어야 한다고 주장한다. 물론 다양한 의견은 자유인이 누리는 권리다. 각양각색의 의견과 목소리가 민주주의의 발전에 도움이 되는 것은 사실이다. 그런데 자유도 없고 인권도 없는 북한의 지도자들에게는 왜 쓴소리를 아끼는지 그것을 모르겠다.

중국으로 여행을 몇 번 간 적이 있다. 끝없이 이어진 크고 넓은 땅. 그렇게 많이 가지고도 티베트를 움켜지고 베트남, 동남아를 위협하고 또 보이지도 않는 바다 밑 이어도에 군침을 흘린다. 겨우 한 섬 가진 이웃의 것을 뺏고 말겠다는 심보다. 하지만 과유불급이라고 욕심이 넘치면 그릇은 깨진다. 그것은 모든 인간에게 적용되는 삶의 이치고 나라와 나라에도 예외일 수 없다.

작은 섬 독도와 보이지도 않는 섬 이어도지만 명운을 걸고 지켜내야 할 우리 땅이다. 어민에게 경제적 도움을 주는 것은 물론이고 후손들이 무한상상을 키울 수 있는 전설의 산실이다. 그 옛날 무심히 내어준 대마도. 그때는 분명 멀리 떨어진 땅의 중요성을 잘 알지 못했을 것이다. 하지만 지금 생각하면 너무 아쉽다. 꿈을 꾸게 만드는 독도와 이어도를 꼭 지켜 내야한다.

(2015년)

집 떠나는 마음

요 몇 년 사이 이렇게 마음이 좌불안석인 것은 처음이다. 나름 평상심을 유지한다고 애썼지만 달력으로 눈길이 가는 것은 어쩔 수 없다. 친구들과 여행을 가기로 약속한 날은 다가오는데 요 근래 남편의 건강이 이상하다. 그이는 올해 들어 걸핏하면 몸이 아파서 출근을 못하는 날이 많아졌다. 평생 잔병치레를 모르고 살았는데 듣는 말대로 칠십 고개를 넘어서기가 어렵나 보다. 지병인 당뇨로 체중이 많이 빠졌는데 여러 가지 일로 스트레스를 받고 과로를 하다 건강이 나빠졌다.

친구들에게 이번 여행은 참여를 못하겠다고 하니 왜인지 일행 모두도 안 가겠다며 고집을 부린다. 이미 여행사에 친목회비로 여행경비를 보내 버린 후라 예약을 취소하면 금전 손해를 각오해야 한다. 또 여행사 직원이 조석으로 전화를 해서 살려달라고 애원하며 이번 일이 무산되면 자신은 감봉 처벌을 받게 된다니 마음이 번잡하기가 강남역 사거리 같다.

젊어서는 어른들 눈치보랴 아이들 치다꺼리하랴 하룻밤 묵고 오는 여행도 어려웠다. 어쩌다 1박 2일이라도 허락받으면 벅찬 해방감에 잠자는 것조차 아까워 흐르는 시간을 붙잡고 싶었다. 그러기에 가끔 남편에게 이런 제안 겸 부탁을 하며 떠나고 싶은 마음을 위로했다.

"내 나이 육십을 넘기면 그때는 가정사에서 해방시켜주세요. 어깨에 작은 배낭 하나 둘러매고 작대기 짚고 전국 방방곡곡을 걸어서 다녀보고 싶어요. 해지면 발길 머무는 곳에서 잠자고 아침이면 일어나 또 걷고 그렇게 내 나라 구석구석 작은 섬 하나까지 다녀보다 생을 마감하고 싶네요."

그러면 그는 한심한 얼굴로 바라보며 세상이 얼마나 무서운데 그런 꿈같은 소리를 하느냐며 지청구를 했다. 그래도 언젠가 찾아올 그날을 기다리며 멀기만 한 것 같은 세월을 참고 견디었다. 지도를 들여다보며 나름 혼자 계획을 세우고 어디서부터 출발해서 어느 곳으로 갔다가 남도의 섬들을 두루 돌아보는 상상이 즐거웠다. 하지만 아내 엄마로서의 일은 나이가 들었다고 줄어드는 것이 아니다. 칠십 고지가 넘어도 내 몸은 보이지 않는 여러 끈에 묶여있다. 가지가 벌어지면서 더 많은 복잡한 일에 매여 끌려 다니다 꿈은 더 요원해졌다. 설령 이제 그런 시간이 주어진 대도 몸이 말을 안 듣고 무릎이 상해서 걷는 것이 어려워졌다. 세상사 모든 것은 때가 있다는데 무엇이 묶고 있는지도 모르면서 오늘에 매여 산다. 버겁던 시간들을 늙음과 바꾸고 이제 밥 달라 옷 달라 조르는 사람은 없지만 단 며칠 집 떠나는 것이 자유롭지 않다.

그래도 걱정하지 말고 다녀오라 말해주는데 설상가상이란 이런 경우를 두고 하는 말이다. 여행가는 전날 중학생인 손녀가 폐렴으로 입원을 했다. 병원에 도착하니 기침을 심하게 하고 고열이 있는 상태다. 병실을 나오며 가방을 싸야할지 말아야할지 또 고민한다.

여행사에 전화를 걸어 돈을 일부라도 되돌려 줄 수 없느냐고 물어보지만 대답은 똑같다. 이미 그쪽 나라의 호텔에 비용을 지출한 상황이기 때문에 어쩔 수 없다는 대답이다. 밤새 몸을 뒤척인다. 오늘 밤이라도 창조주가 나를 거두어가시면 내일 걱정은 괜히 한 것이 되는데 아직도 붙잡고 놓지 못한다. 이렇게 취해 살면 안 되는데, 언제쯤이면 몸은 물론 영혼의 자유를 알게 될지 그런 시간이 오기나 할지 감감하다. 한편 다르게 생각하면 아직도 필요로 하는 곳이 있다는 것을 고맙게 생각해야 할 것 같기도 하고….

(2013년)

4.

흘러가네

잠

아침에 눈을 뜨면 씹다버린 껌처럼 몸이 늘어진다.

젊은 시절, 늘 잠이 모자라서 어디든 눕기만 하면 잘도 잤는데 이제는 밤이 오는 것이 싫고 무섭다. 꿀잠을 꿈꾸며 족욕을 하고 좋다는 음식을 먹어도 통하지 않는다. 결국은 의학의 힘을 빌리는데 약에는 한계가 있다. 종일 머리가 아프고 속이 울렁거린다.

가마솥 같이 끓는 더위가 계속된다. 살아오며 이렇게 더운 날이 있었을까 싶다. 남편이 떠난 뒤 내 생활의 패턴은 바뀌었다. 일찍 일어나 그의 옷이며 식사를 준비하느라 종종거렸는데 이제 시간이 남아돈다. 게으름이 도를 넘었다. 하루 종일 몸으로 마루를 쓸고 다니며 벌레처럼 꿈틀댄다. 넓지도 않은 집안을 엉덩이로 먼지를 닦는다. 이러면 안 되는데 하면서도 매사가 귀찮다. 분명 중요한 무엇을 잊어버리고 헤매는 것 같은데 알 수가 없다.

배가 고프면 그릇 하나에다 이것저것 담아서 대강 먹는다. 위 속에서 섞이는 것은 같겠지 한다. 혼자이니 남은 채소와 반찬을 연속으로 먹게 된다. 시장을 봐서 무언가를 만들 때면 그 양반이 좋아했는데 저녁에 드려야지 하다 놀라고, 이런저런 이야기를 듣는 날은 그에게 말해주려고 기억을 모으다 흠칫한다. 양념을 어떻게 했는지 기억나지 않을 때도 있다.

고백하자면 나는 원래 좀 게을러서 오후나 되어야 몸과 머리가 돌아가는 스타일이다. 저녁형이라 늦게 자고 늦게 일어나는 것이 체질인데 그이는 평생 새벽에 일어나 움직였다. 하루 사는 것은 같은데 좀 느슨해도 되련만 일을 나중으로 미루는 것을 못견뎌했다. 자신도 조이고 주변도 닦달해서 늘 긴장하며 살았던 것 같다. 이 무슨 아이러니인지 이제 영원히 잔다 해도 누가 뭐랄 사람이 없는데 잠이 어딘가로 도망가 버렸다.

잔글씨를 읽기 힘들어 신문도 끊었다. 종일 TV를 틀어놓고 멍하니 앉아 있다. 그 속에는 세상의 온갖 것이 끊임없이 나왔다 사라진다. 바보상자라고 욕 하면서 그 안에 푹 빠져 버렸다. 기이한 사람도 있고, 잘생기고 멋진 남녀도 많다. 그들을 보며 눈요기를 하는 것이 낙이 되다니….

드라마에는 말도 안 되는 이야기가 전개된다. 며느리를 맞이

했는데 알고 보니 친딸이라는 설정도 있고, 정자를 기증했는데 훗날 딸이 되어 돌아와 만나게 된다. 뉴스 채널은 아예 건너뛴다. 매일 일어나는 사건 사고도 지겹다. 대통령 후보였던 정치인이 비서와 놀아나고, 시장의 직책을 가진 사람이 배우와 연애를 한 사건도 백성들이 혹시 잊을까봐 매일 알려준다. 옛날 박정희 대통령은 남자의 배꼽 밑 이야기는 논하지 말라 했다는데, 그들도 지금쯤 여자의 인권이 전무했던 옛날을 그리워할라나. 패널들이 둘러앉아 입에 거품을 물고 떠들어댄다. 나라꼴 되어가는 행태는 나날이 심각한데 해결은 없고 말만 무성하다.

더러 햇볕 쏟아지는 길을 땀을 흘리며 걷는다. 여름의 하늘과 짙은 녹음을 바라보면 숨통이 트이고 아직은 여기 이곳에 있음을 감사한다. 하지만 내 감사는 그리 오래가지 못 한다. 누구에겐지도 모르면서 투덜거린다.

열여섯 꽃 시절에 만난 친구도 불러가고, 단하나 뿐인 짝꿍도 허무하게 데려가 버린 사건을 아직도 받아들이기 힘들다. 몸도 하루가 다르게 변하고 허리와 관절은 나 여기 있다며 칭얼댄다. 고관절 아픈 것이 낫지를 않는다. 이 병원 저 의원을 순례하다보니 결국 남은 것은 초라한 일상이다. 노인의 생활이 이럴 거라는 것을 예상은 했지만 역시나 별로다.

생각해본다. 삶이 정말 먹고 싸고 잠자는 이것이 전부일까. 보리개떡 한 입 거리만큼 남은 시간, 무언가를 해야 할 것 같은데 도무지 모르겠다. 무엇을 잊고 무심히 스치는지 둘러보아도 답을 찾지 못한다.

오늘 밤도 여전히 불면이다. 이제는 잠과 싸우지 않으련다. 세상 모든 것, 오면 받아들이고 아니면 말고….

(2018년)

저물녘

음력 9월에는 엄마의 제사가 있다. 그날은 흩어져 살던 형제들이 오전에 일찍 모인다. 좀 더 긴 시간을 함께하기 위한 서로의 배려다. 친정집 근방에는 도봉산이 있다. 올케언니는 제사 음식을 만들고 형제들은 여유롭게 산 주변을 걷는다. 길에는 코스모스가 지천이고 가을하늘은 언제보아도 시원하다. 풀벌레도 어디선가 울어댄다. 아이를 앞세운 젊은이의 행렬이 산길을 메우고 그 뒤를 오빠, 언니, 동생과 내가 걸어간다. 구부정한 오빠는 백발을 이고, 큰 수술을 한 언니는 넘어질 듯 위태롭고, 나는 절룩거린다.

도선사 길은 옛날 엄마와 자주 다니던 곳이다. 절 옆으로 흐르는 개울가에 앉아 쉬며 발을 담그고 머리를 감기도 했다. 내가 엄마의 머리를 감겨주고 엄마가 내 머리를 빗겨주던 날이 어제인 듯 선하다. 앉아서 쉬던 절 앞의 길과 탑은 아직도 그대로인데 어느새 40여 년 전 이야기가 되었다. 칠순을 눈앞에 둔 막내는 그래도 좀 젊다고 연신 카메라를 눌러댄다.

오빠가 긴 숨을 고르며 의자에 앉는다. 동생들도 따라 앉는다. 아이스크림을 하나씩 물고 가없이 높은 하늘을 바라본다. 어릴 때 팥 아이스케키를 하나 더 먹겠다고 싸우던 생각이 스친다. 오빠는 잘생기고 언니는 예뻐서 동네 처녀총각들의 가슴을 흔들었는데 그 모습은 어디로 갔을까. 언제나 그렇듯 말이 없다. 누가 보면 한 무리의 노인들이 싸웠나 싶게 무표정이지만 불편하지는 않다. 같은 부모에게서 순서대로 태어나, 흩어질 때는 빈손이었기에 살아온 굴곡만큼 애틋할 뿐이다.

특히 엄마의 무한 희망이고 자랑이었던 작은오빠는 이제 팔순 넘겼다. 매사 반듯하고 공부도 잘한 그 아들은 우리 집뿐 아니라 마을의 희망이었다. 세상에 이름을 떨치고 가난한 집안을 일으켜 세울 것이라 믿어 의심하지 않았다. 하지만 흩어진 씨앗이 어느 낯선 땅에 뿌리를 내리기는 쉽지 않았다.

친정 올케는 나이가 무색하게 올해도 갖가지 음식을 만들어 번듯한 제사상을 차려놓았다. 남편도 없는데 평생이라고 할 시간을 음식을 만들고 상을 차리면서도 싫은 얼굴을 본 적이 없다. 정성만큼이나 풍요롭고 맛도 있지만 마음속의 걱정은 떨쳐

버릴 수가 없다. 하나뿐인 조카가 결혼을 하지 않아 며느리도 손자도 없으니 제사의 앞날은 기약할 수 없다. 이제 제사를 그만 접으면 어떠냐고 했더니 움직일 수 있는 날까지는 지내겠다고 한다. 그는 아직도 내가 받들어야 할 시누이로 보이는지 제사가 끝나면 음식을 많이도 싸준다. 나도 무슨 특권을 누리듯 넙죽넙죽 잘 받는다. 힘들게 만든 음식이기도 하지만 큰며느리에게 전수된 손맛 속에는 오래전 떠난 엄마의 냄새가 배어있다.

생각하면 선조들이 제사를 극진히 모셨던 것은 귀신을 믿는 것도 아니고 복을 빌기 위함도 아니다. 종교적인 이유로 아니면 바쁘다는 핑계로 제사를 버리는데 제사의 미덕은 분명 있다. 돌아가신 분을 추억하고 가족친지가 모여 음식을 나누고 정담을 주고받는 시간, 그것은 삶의 중요한 부분이다. 이제 몇 번이나 더 부모님 제사를 지낼 수 있을지 알 수는 없다.

형제는 이제 저물녘 앞에 서 있다. 아니 이미 저물어 버렸지만 마주한 그 시간도 과히 나쁘지만은 않다. 한낮의 뜨거움이 사라진 자리에서 바라본 세상은 더 맑고 순하다. 자신의 문제가 가장 큰 듯 끌어안고 끙끙 댔는데 별일 아니었다는 것도 알게 되었다. 그래도 아직 마음은 늙지 않아서 스마트폰을 장난감이듯 가지고 논다. 카톡을 주고받고 그 속에 있는 신기한 세상을 보여주며 뿌듯해 한다. 자식이, 손주가, 잘났다 못났다는 묻지도 않고 자랑하지도 않는다. 돈을 잘 벌고 출세하는 것만이 생의 전부가 아니라는 것을 형제는 이제 알기 때문이다.

분명 내년에도 언니는 제사음식을 높이 고이고, 늙은 남매들은 산 주변을 무심한 척 걸어 다닐 것이다.

(2014년)

젓 갈

베란다를 청소하다보니 별것이 다 있다. 매실이니 오디는 물론이고 무릎에 좋다는 달맞이꽃이며, 어성초까지, 재료에 설탕만 부으면 되는 쉬운 발효 청이 가득하다. 그중에 언제 담갔는지 기억에도 없는 밴댕이와 멸치젓갈도 찾았다. 분명 썩었을 거라 짐작하며 항아리 뚜껑을 여니 웬걸 구수한 냄새가 올라온다. 요 몇 년 사이에는 젓갈을 담그지 않았으니 꽤 오래된 것이 분명한데 삭고 삭아서 건더기도 남지 않았다. 그것으로 추석 김치를 담그며, 긴 세월을 삭아서 마침내 구수한 액체로 환생한 젓갈의 미덕을 떠올린다.

엄마는 참을 인자 셋이면 살인도 면한다는 말을 입버릇처럼 하셨다. 그 말이 무슨 주문처럼 평생 나를 감고 다녔다. 주변사람들이 대못을 박는 말을 해도, 싫은 소리를 해도 감정이 없는 듯 잘 참는다. 또한 수많은 불의를 보고도 외면했으니 살아온 시간이 비겁의 소산물인지도 모르겠다.

내 참음의 역사는 어릴 때부터 형성 되었나싶다. 어느 날 옆집에 사는 또래 친구가 시계를 잊어버렸다. 그때의 시계는 거의 재산목록 1호로 무척 귀했다. 외국인과 결혼한 언니가 사다준 시계였다는데 동네사람 거의가 나를 의심했다. 시계가 없어질 즈음 그 집에서 놀았기 때문이다. 하지만 내가 부러워했던 것은 마루 한쪽을 차지하고 있는 풍금뿐이었다. 가난한 집 아이의 말을 믿어주는 사람은 없었다. 엄마도 반신반의 하며 하늘이 알고 있을 거라고 했지, 딸이 그럴 리 없다는 확고한 믿음의 말은 하지 않았다. 온 동네가 손가락질을 하는 것 같아 친구들 사이에 끼지도 못하고 분하고 억울해서 강에 여러 번 갔었다. 죽어 결백을 증명하려고까지 했지만 용기가 없어 실행을 못했다. 이후 그 집 근처에도 가지 않았고 사건은 영구 미해결로 남았다. 생의 굽이를 넘어오며 참기 힘든 순간들은 많았지만 용케도 지금까지 잘 참았다고 생각했다.

하지만 얼마 전에는 참기 힘든 일이 있었다. 병문안을 가기 위해 차를 몰로 지하로 내려가는데 둥글게 감긴 통로가 좁고 길었다. 눈이 침침하여 천천히 내려가는데 누군가 뒤에서 바짝 따라오며 불을 번쩍인다. 좁은 지하에서 왜 그러나 싶지만 나도 몰래 가속페달을 밟았나보다. 갑자기 핑, 어지러운 느낌이 있었는데 한쪽 난간 옆에 무언가 쾅 부딪히며 긁히는 소리가 난다. 분명 휠 주변에 변고가 생긴 것 같은데 뒤차는 연신 상향등을 번쩍인다. 주차를 하고 보니 바퀴 주변이 심하게 긁히고 휘어버렸다. 머릿속이 하얗게 빈 것 같았다.

드디어 참고만 있었던 인내가 바닥의 끝을 보이나 싶은데 남자는 오히려 빙글거리며 가운데 손가락을 치켜세운다. 여자, 아니면 노인네가 왜 차를 끌고 나왔냐는 말 같았다. 잠깐 보아도 자식뻘인데 싸우라는 감정과 지혜롭게 대응하라는 갈등이 시작된다. "그렇게 급하면 어제오지 그랬슈." 하는 충청도 사람의 조크를 떠올렸지만 입으로 뱉어내지는 못했다. 순간 더한 화를 당할 수도 있다는 생각이 스쳤다. 물론 CCTV가 있겠지만 사후약방문이다. 어른답게 따져야 마땅한데 우물거리다 시간을 놓치고 만다. 녀석도 내 얼굴연식이 심히 오래 되어 보였는지 몇 마디의 욕을 더 하더니 슬며시 사라진다. 마음은 물러서지 말라고 소리치는데, 입과 몸은 굳은 듯 비겁하다.

요즘 들어 묻지마 사고가 연일 터진다. 길가다 째려본다고 시비 걸고, 층간 소음 난다고 이웃을 죽인다. 애인이 헤어지자고 했다고 칼을 휘두르고, 보험 타내기 위해 가족을 죽이기도 한다. 현대인은 인내라는 말이 실종된 것 같다며 걱정하고 다녔는데, 나 역시 올라오는 화를 삭이기가 쉽지 않다. 세월을 먹은 자의 여유는 어디가고 이럴 때는 잘못 삭은 젓갈처럼 상한 내음을 풍긴다.

사회가 원만히 돌아가려면 누군가의 참을성과 희생이 따라야 한다. 새털같이 많은 세월에 어찌 좋은 날만 있을까. 스스로 많은 인연을 맺어 놓았으니 마음 써야 할 곳도 많다. 잘 삭아 구수한 젓갈 같은 맛과 향을 이웃과 나누고 싶은데 그 또한 아직 먼 것 같으니.

(2015년)

짝

그날은 무척 바빴다. 오전에는 친지의 아버님이 돌아가시어 장례식에 갔고 정오쯤에는 결혼식에 다녀왔다. 저녁에는 얼마 전 결혼한 딸 부부가 온다기에 장을 봐가지고 돌아오는 발걸음이 바빴다. 옷을 갈아입지도 못하고 야채를 다듬고 저녁준비를 시작한다. 우선 밑반찬 몇 가지부터 하려고 북어는 물에 불리고 우엉은 썰어서 볶는다. 돼지고기는 삶고 시래기국을 끓인다. 그날의 사건은 그때 일어났다. 눌러둔 오이지를 유리 찬통에 담아 두었는데 왜인지 뚜껑이 열리지 않는다. 닫을 때는 무심코 닫았는데 공기 압축이 되었는지 아무리 돌려 보아도 꽉 물린 뚜껑은 열릴 기미가 없다.

하던 일을 멈추고 찬통의 뚜껑을 열기 위해 머리를 굴러본다.

어떻게 그렇게 잠겨버렸는지 알 수 없지만 그 순간 열어야겠다는 의지뿐이었다. 손으로는 아예 안 되기에 인간의 특성인 도구를 이용했다. 처음에는 뚜껑이 물린 부분에 송곳, 가위를 넣어 보았지만 가위는 아예 들어갈 공간조차도 없다. 다음 사용한 것이 칼이었는데 칼을 이리저리 돌리는 중에 힘 조절을 잘못하여 손을 베이고 말았다. 그 반동 작용으로 겹쳐 쌓아둔 접시가 바닥으로 떨어지며 깨졌다. 졸지에 피는 흐르고 바닥에는 잔해가 흩어지고 부엌은 아수라장으로 변했다. 아끼는 그릇들인데, 오이지와 접시를 바꾸다니, 머리가 하얗게 비는 것 같았다.

깨진 그릇의 잔해를 대강 치우고 손에 약과 반창고를 바른다. 마음을 가다듬고 열리지 않는 찬통을 자세히 보니 뚜껑을 바꿔 닫은 내 실수다. 남아있는 찬통을 덮어보니 아래는 둥근 형태가 비슷한데 뚜껑은 재질도 디자인도 완연 다르다. 하나는 밖으로 물리게 되어있고 남은 하나는 안으로 쏙 들어가게 되어있다. 나는 손이 무딘 편이라 젊을 때도 부엌에만 들어가면 음식을 통째 쏟거나 그릇을 깨고 화상도 잘 입는다. 그래서 꾸중도 많이 들었다. 결국 엉성한 성격이 만든 재앙인데 그 둘은 서로 제짝이 아니라는 것을 온몸으로 말하듯 밀어낸다.

세상의 모든 것은 음과 양으로 이루어져있다. 생명 있는 것이든 없는 것이든 짝을 이루어야 도움의 관계가 된다. 그중에 사람의 정신세계는 복잡하여 자신과 어울리는 짝을 만나야 평생을 잘살아낸다. 처음 만나 마음이 통하고 한세상 살자고 맹세해도 인내하는 마음 없이는 사랑을 지키기 어렵다. 지금 이순간도 자신의 반쪽을 찾아다니는 젊은이들이 많다. 요행히 딱 맞는 짝을 만나면 그보다 더 좋은 일은 없는데 경제도 어렵다보니 노총각 노처녀가 늘어나 가정과 국가의 걱정거리가 되었다.

짝이라는 TV프로가 신설되어 가끔 보는데 상대에게 어필하기 위해 고군분투하는 모습들이 안쓰럽고 귀엽기도 하다. 젊은 남녀가 자기의 장점을 강조하며 마음에 드는 여자의 관심을 얻기 위해 과한 표정으로 사랑을 전달하려고 고심한다. 수컷 공작새가 길고 윤나는 날개를 뽐내며 암컷을 유혹하는 모습과 크게 다르지 않다.

어느 날은 결혼에 한번 실패한 사람들이 새로운 짝을 찾기 위해 나왔다. 보통 아이가 하나 아니면 둘 정도 되는 돌싱(돌아온 싱글)들이다. 이미 한번 실패를 했으니 급하고 절절한 것이 마음으로 전해진다. 하지만 남자는 하나같이 예쁜 여자를 선호하고 여자는 좋은 직업과 능력 있는 남자에게 관심을 표한다. 재혼은 초혼보다 더 어려우니 자칫 더 힘든 생의 고통 속으로 빠질 수 있다. 잘못 채워진 단추를 풀고 다시 배열하기까지 마음고생은 얼마나 클지, 실패를 거울삼아 미모나 조건보다는 성격이 좋은 사람을 만나야한다는 것이 내 생각이다. 더러 상대가 엉뚱하고 이해하기 어려워도 칭찬과 추임새로 단점을 보완해야

한다. 재산과 지위보다는 성격의 넉넉함을 지닌, 그런 사람을 만나야한다.

끝까지 열리지 않는 찬통을 버릴까 깨버릴까 별생각을 다 하다가 뜨거운 김을 쏘이면 열린다는 친구의 지혜를 빌려 겨우 열었다. 바뀐 짝을 찾아 닫아주니 제짝인 것들은 편안하게 서로를 받아들인다. 70억 인구 중에 딱 맞는 반쪽을 찾는 것은 경이로운 인연의 기적이다. 물같이 공기같이 편안한 짝을 찾느라 불혹이 다 되어 결혼한 내 딸, 부디 한세상을 사랑하고 행복하기를.

(2011년)

흘러가네, 풍경

봄이 왔나 싶은데 어느새 꽃이 지고 있다. 벚꽃이 바람에 날리고 진달래가 시든다. 헤어지기 싫은 인연을 보내듯 안타까워하며 동네를 어슬렁거린다. 아파트에는 여러 곳에 놀이터가 있다. 모든 시설을 새로 단장해서 환경이 깨끗하다. 그런데 놀이터에 아이들은 없다. 올해를 기점으로 아이보다 노인이 더 많아졌다는 말이 실감난다. 놀이터 의자에는 팔순 후반의 안노인들이 옹기종기 모여 있다. 하나같이 지팡이와 유모차에 의지해서 다닌다. 다리도 아프고 슬쩍 끼어 앉는다.

어르신들의 노는 자리에 묻지도 않고 합석을 하니 처음에는 거부반응이 만만치 않았다. 모두 하던 말을 중단하고 입을 다물었다. 분위기가 냉랭하고 어색해서 일어서기를 몇 번했다. 서너 번 괄시를 받다 어느 날 요구르트 몇 병과 빵을 들고 갔더니 금방 분위기가 달라졌다. 그제야 관심을 보이며 몇 동에 사느냐, 풍채(?)가 좋아 보인다며 덕담을 주신다. 역시 한국인은 먹으면서 정이 싹튼다. 나보다 보통 15, 6년 연장자들이니 칠십대는 노인 축에 끼지 못한다며 생색을 낸다. 몸이 지끈거리고 아픈 것은 다를 바 없는데 거듭 좋을 때라고 하니 듣기 싫지는 않다.

어르신들은 덥지도 춥지도 않는 날을 골라 일광욕을 즐긴다. 어느 날은 햇볕을 가리지 말라고 하고, 어느 날은 서로 그늘에 앉겠다고 자리다툼을 한다. 대화를 가만히 들어보면 자랑이 반이다. 옷이며 모자를 자식들이 사주었다, 용돈은 얼마를 받았다며 지갑까지 열어 보인다. 가끔 손자에게서 전화가 오면 폴더폰을 호기 있게 열어 모두 들어라 큰소리로 받는다. 그래도 옛날 어르신처럼 권위를 세우지는 않고, 고맙다는 말을 잊지 않는다.

곁에서 대화를 듣다보면 절로 미소가 떠오른다. 상대의 말을 귀담아 듣는 것 같지도 않고 각자 자기 할 말만한다. 해서 더 이상 소통이 어려울 것 같은데도 신통하게 대화가 이어진다. 자식자랑 손자자랑이 끝나면 이제 어떻게 죽어야할지를 걱정한다. 하나같이 자다가 죽기를 희망하지만 그 또한 우리가 선택할 문제가 아니다. 정치이야기도 가끔 하는데 의견이 다르면 티격태격 하는 정경이 젊은이들과 다를 바 없다. 어느 순간 대화가 끊기면 이제 지나가는 사람에게 관심을 보인다. 놀이터 쪽으로 누가 걸어오면 일제히 눈들이 그곳으로 향한다. 그 모습이 마치 사막의 귀여운 미어캣 같다.

그중에 유독 남자사람에게 관심을 보이는 노인이 있다. 몸이 좀 뚱뚱한 할머니인데 멀리서 남자의 모습이 보이면 눈이 반짝거린다. 곁을 지나면 앉았다가라며 손짓을 한다. 군중을 등에 업은 용감한 행동인데 당사자는 어이없다는 표정을 짓는다. 언짢은 듯 지나가면 주름진 얼굴에 합죽한 입으로 진한 농담을 한다.

"그 좀 주물러 주려했는데 잘도 빠져 나가네."

옆의 노인이 할망구 망측하다며 혀를 찬다. 그럴 때 그녀의 대응은 아주 빠르다. 몸을 주무르는 것이 아니고 말로 주물러 주겠다는 뜻이란다. 그러고는 한참 웃고 또 다음에 지나갈 사람을 기다린다. 하지만 정작 남자노인이 의자에 앉으면 약속이나 한 듯 입을 다문다.

나는 뚱뚱이 할머니에게 관심이 가서 그녀 옆에 앉는다. 그래서 멀리 남자노인이 보이면 "저분은 어떤 것 같으세요." 하고 묻는다. 그러면 잠깐 사이에 인물 탐구가 끝나고, 제법 그럴듯한 평을 한다. "좀 괜찮다. 젊어서 한자리 했겠네." 아니면 "중간정도네." 때로는 관상이 안 좋고 아무짝에도 쓸모없다는 평을 한다. 주책이고 품위 없다며 왕따를 당하는 것도 알게 되었다. 그래도 나는 그 할머니가 마음에 든다. 오자다리로 제대로 걷지도 못하지만 사람에게 관심을 보이고 유머를 잃지 않는다는 점이 좋다. 내 마음 짚어 타인의 마음을 안다고, 농담으로나마 웃어보자는 내면에는 삶의 막바지 외로움이 엉켜있다.

둘러앉아서 맥없는 이야기만 하는 것은 아니다. 가끔은 썩 괜찮은 정보를 서로 주고받는다. 요즘 노인들은 거의가 혼자 산다. 일주일에 한두 번 서너 시간씩 복지사가 오는데 서로 무엇을 해 주고 가느냐며 묻고 대답한다. 누구는 목욕을 시켜주고, 청소를 하고 반찬을 해준다고 한다. 그러면 옆의 할머니는 자신은 청소만하고 남은 시간에 이야기를 많이 한다고 한다. 아마 각자의 처한 현실에 맞춰주는 모양인데 우리나라가 복지는 잘 되어 있는 것이 분명하다.

바람도 없는데 분분히 꽃잎이 날린다. 운 좋게도 생명으로 잠깐 왔는데 이제 자연으로 환원될 때를 무료히 기다린다. 봄과 꽃과 할머니, 그리고 나, 모든 것들이 한 폭의 흘러가는 풍경 같다.

(2017년)

호수 앞에 서서

해지기를 기다립니다. 늦은 여름저녁의 바람 한줄기가 마음을 쓰다듬으며 지나갑니다. 물은 오리와 어류들을 품고 면면이 흘러온 그대로의 모습으로 오늘 안에 있습니다. 호수 위에 커다란 달 하나 둥그렇게 떠있네요. 어찌 보면 큰 풍선이고 잘 보면 물에 뜬 달 같기도 합니다. 슈퍼문이라 이름한 인공달입니다. 낮에는 그냥 하얀 모습이지만 해가 지면 무지개 색으로 변합니다. 그것을 보려 사람들이 삼삼오오 모여듭니다. 군중 속에 섞여서 색색으로 변한다는 빛을 기다립니다.

나무 위에서 지저귀는 저 새들은 작년에 보았던 그 새들일까요. 나고 죽는 일은 흔적도 남기지 않고 살며시 이루어지는데, 세상은 무심한 듯 어제와 오늘의 구분이 없습니다. 돌아보면 살아남기 위해 꽤나 부지런히 설쳤습니다. 원하는 것을 얻으려 끝없이 움직였지요. 빨래를 하면서도 설거지를 하면서도 무엇에 쫓기듯 초조감이 있었습니다. 생활 속의 잡다한 일은 빨리 끝내고 중요한 큰일을 해야만 생이 보람될 거라 여겼습니다. 정확히 무엇을 원하는지 모르면서 밥하고 청소하는 것이 전부는 아닐 거라 생각했지요. 가슴 벅찬 무엇, 기쁘고 즐거운 순간이 생애 중에 한번은 올 것이라 기대를 저버리지 않았습니다.

지구와 달이 가장 가까워질 때 뜨는 보름달을 슈퍼문이라 한답니다. 어린 날 해운대 달맞이고개에서 엄마와 함께 보았던 크고 신비하던 달을 만난 날, 그 이후에는 한 번도 본 적이 없습니다. 가끔 밤하늘을 올려다보았지만 땅의 불빛이 밝아서인지 달은 멀리 있고 작고 초라했지요. 바쁜 세상, 하늘을 올려다보기 쉽지 않은 이들에게 인공달은 대리 만족입니다. 그 기획이 굉장한 인기를 끌어 600백만 명이 다녀갔다니 주최 측에서는 기쁨의 술잔을 올릴만하지요.

일본 나가노의 한 마을에는 별똥별도 인공으로 만들어 팔 예정이라 합니다. 그 아이디어로 관광객을 불러 모아 큰 수익을 낼 것을 기대한답니다. 고객이 원하는 만큼의 별똥별을 밤하늘에 뿌려준다니 과연 일본인답습니다. 하지만 너무도 당연했던 달빛과 별빛의 추억도 만들어 즐겨야하는 세태를 좋아해야만 할까요. 별을 바라보며 망국의 한을 달래던 우리의 윤동주 시인은 작금의 시대를 어찌 느낄지 알 수 없네요.

점점 어둠이 내립니다. 드디어 거대한 인공 달이 색색의 빛으로 변하고 있습니다. 몰려든 관객들은 생동감 넘치는 젊은이들이 많습니다. 하나같이 휴대폰을 길게 빼내어 사진을 찍거나 아니면 연인과 함께 포즈를 취하네요. 먼 길 걸어와 일찍 자리를 잡았지만 몰려드는 젊은 그들의 몸피에 가려 보이지 않습니다. 그래서 밀려나고 있습니다. 밀려나고 밀려나서 한생의 끝자락인데 이곳에서도 역시 밀려납니다.

기다렸던 색색의 빛은 기대한 만큼의 큰 감흥을 주지 못합니다. 역시 달빛은 유백색으로 아련해야 합니다. 그 옛날 산마루에서 두 손 모아 바라보았던 쟁반같이 둥근달은 어디에 가서 만날까요. 실망한 마음으로 시선을 돌리니 휠체어에 앉은 여자와 그 옆에 남자가 보입니다. 몸은 비틀리고 얼굴은 달빛만큼이나 창백합니다. 그들도 나처럼 밀려났는지 서로 의미 있는 미소를 보냅니다. 옆에서 연신 아내의 옷을 여며주고 입가를 닦아주는 그들을 바라봅니다. 누군가 사람만이 정답이라 했던가요. 혼자라면 가엾게 보일 텐데 둘이라서 가득합니다. 만월의 모습입니다. 서로를 알뜰히 챙기는 모습은 인간들의 영원한 유토피아입니다.

밤이 깊어지며 인공달은 붉고 푸른색의 향연을 진하게 뿜어내고 있습니다. 이제 원하고 바라는 기원도 없는데, 몸에 밴 습관처럼 무엇을 기다립니다. 태어남이란 빈 자루 하나들고 오는 것이기에 그 속에 좋아하는 것을 가득 채워야한다 여겼습니다. 요즘에서야 비워내고 또 비워야 한다는 것을 알아갑니다.

낡고 삭아 너덜거리는 육신을 끌고 아직도 무엇을 찾아 헤매는 마음이 가엾습니다. 수많은 생명 속에 하나의 점으로 존재하는, 아니 존재한다고 생각하는, 호수 앞에서의 오늘입니다.

시베리아 횡단열차

밤 9시 블라디보스토크 역에서 기차를 탔다. 검은 휘장이 내려진 밤하늘은 아무것도 보이지 않았다. 나는 안타깝게 창밖을 바라보았다. 횡단열차는 끝없는 벌판을 지나고 9,288㎞를 달려 모스코바에 닿는다. 러시아 땅 일부라도 눈에 담을 수 있고 그 유명한 자작나무 숲을 볼 수 있다는 기대를 했는데 하필 밤기차에 오르다니, 작은 실망으로 커튼을 닫고 일행들과 살아온 지난날을 더듬으며 정담을 나누었다. 때로는 웃음으로 때로는 한숨으로 공감하며 생은 누구에게나 녹록치 않음을 다시 확인한다.

밤이 깊어갈수록 기차 안은 추워졌다. 낮과 밤의 기온차가 크기 때문이다. 기침감기로 몸 상태는 최악인데 이때다 싶은지 열이 오른다. 일행들 모르게 약을 털어 넣고 침대라고 하기에는 좁은, 의자 같은 곳에 몸을 뉘었다. 살이 많은 몸의 반은 기댈

의처를 잃고 공중에서 흔들렸다. 이불도 없이 떨면서 뒤척이고, 잔뜩 기대한 시간은 고통으로 다가왔다. 그래도 기차의 일정한 흔들림은 심장소리에 맞추어 음악 같고 악기 같았다.

『닥터 지바고』의 얼음들판과 라라를 그리워하는 지바고의 애절한 눈빛을 떠올린다. '기차는 8시에 떠나네' 잠이 오지 않을 때 종종 듣는 조수미의 노래를 입속에 흥얼거린다. 열차를 배경으로 헤어지는 정인들의 모습도 그려본다. 희미한 가로등 아래 바바리코트 깃을 세운 사람과의 이별, 영화에서 보던 풍경을 현실인 양 상상하며 긴 시간을 견딘다.

시베리아 횡단열차는 니콜라이 2세(재위 1894~1917)가 계획하고 만들었다는데 오늘날까지도 사람과 물자를 실어 나르는 중요한 운송수단이다. 도시와 시골을 연결해주고 문명을 옮기는 역할도 한다. 연해주에 살던 고려인 17만 명을 일본의 첩자라는 누명을 씌워 중앙아시아, 카자흐스탄, 우즈베키스탄 등으로 강제 이주시켰다하니 열차 칸 어디쯤에 그들의 한과 눈물이 배어있는지도 모른다. 하지만 세계대전에 지친 민중들의 항거가 일어나고 니콜라이 2세 왕 역시 가족과 함께 이 기차를 타고 우랄산중 어딘가로 끌려가서 처형되었다고 한다.

얼마나 시간이 흘렀을까. 날이 밝아온다. 그제야 희미하게 보이는 풍경들, 비인지 안개인지, 사이로 살짝살짝 드러나는 땅과 숲, 이어서 자작나무군단의 날씬하고 하얀 허리가 무리지어 보인다. 흐르듯 지나가는 들판과 숲, 그것은 환히 보이지 않기에 신비한, 내일을 모르는 우리 인생 같기도 하고, 장인이 그려놓은 수묵화 같다.

마음 같아서는 일주일간 달려서 모스코바까지 가고 싶지만 일행은 하바롭스크 역에서 내렸다. 그곳의 하늘빛은 우리의 고려청자를 닮아있다. 구름 한 점 없는 하늘밑으로 색색의 꽃들이 피었고 길에서 만나는 사람들의 모습도 옛 소련의 딱딱한 표정과는 다르고 부드럽다. 아무르 강변 옆의 리비나라는 나무는 빨갛고 자잘한 열매를 가득 매달고 여행객의 눈길을 잡는다. 하지만 짧은 가을이 지나면 6, 7개월의 긴 겨울이 계속된다고 한다. 강변에서 옷을 벗고 햇빛을 즐기는 주민들의 모습에서 곧 떠나버릴 계절을 아쉬워하는 마음을 본다. 흰 바탕에 황금과 코발트빛의 러시아 정교회 돔은 청잣빛 하늘과 어울려 또 하나의 풍경이다.

고려인들이 극동러시아 한부분에 둥지를 틀었던 고난의 역사는 기록으로 남아 오늘까지 이어진다. 콜레라가 창궐했다는 이유로 우수리스크로 내쫓고 더 악조건의 땅으로 나누어 흩어버렸다. 그래도 질경이 같이 살아남아 조국의 독립을 위해 한 몸 던져버린 투사들이 있었다. 너무나 많아서 열거할 수도 없지만 그들의 희생이 있어 우리는 풍요를 누린다.

하바롭스크에서 개척교회를 열고 있는 목사님 부부를 만났다. 계획에 없었는데 '고려인 러시아 이주 150주년'이라는 행사와

공연을 보았다. 민속춤과 남도창, 아리랑 가락 속에, 조상으로부터 이어져온 예술이 숨어있고 살아온 역사가 담겨있다. 그들은 남한도 북한도 아닌 고려인이라는 이름으로 불리며 씩씩하게 살고 있었다.

옛날 선조들의 땅이었다는 발해는 우리 것이라고 증명할만한 무엇이 남아있지 않았다. 다만 발해절터에서 옮겨왔다는 돌 거북 하나를 보았다. 돌 거북의 크기로 보아 절이 상당한 규모였을 거라는 것을 짐작해 본다. 지평선이 보이는 구릉지대는 한때 많은 사람이 살았을 만한 시원하고 좋은 땅이다. 연암 박지원 선생이 거대한 중국 땅에 첫발을 디디고 "아 좋은 울음 터로구나." 하고 말했다는데 나는 옛 발해 터에서 목젖이 아렸다. 그것은 한때 우리 영토였다는 아쉬움과 함께, 세상이 얼마나 넓고 오묘한지도 모른 채 한번 뿐인 생을 소진해 버린 서러움이 엉켜진 눈물이었다.

낯선 나라에서 목숨을 바쳤던 투사들이 있었기에 우리는 5천년 역사에서 더없이 풍요로운 시대를 맞이하여 살고 있다. 그들을 잊지 말아야 하는데 기억의 창고가 예전 같지 않아 안타깝다. 여행길에서 마주치는 풍경은 그래도 생은 한 번 살아볼만하다 말하는데, 언제 이런 날과 길을 또 만날 수 있을까. (2014년)

숙제

경기도에 있는 한 사찰에 갔다. 조용하게 가라앉은 풍경, 하얀 눈이 꽃잎처럼 날리고 있었다. 흙으로 지은 요사채에서 여승 한 분을 만났다. 아담한 키에 다정한 말씀, 하지만 느껴지는 카리스마는 예사롭지 않았다. 스님과 대화를 나누는 중에 자신을 깊이 들여다보라는 말씀을 주셨다. 마음이 그렇게 날아다니면 백년을 살아도 하루 산 것과 다를 바 없다 했다. 밥 먹으면서 설거지 할 걱정을 미리 당겨서 하지 말라 하셨다.

내면을 들여다보고 꼼꼼히 적어서 가져와 보라는 숙제를 주었다. 숙제라니 갑자기 마음이 더 무거워졌다. 같이 간 동료에게는 보시 좀 하라고 하고 나만 왜냐고 묻고 싶었지만 뒷사람이 기다리고 있었다. 욕심 많은 혹부리 영감이 혹 떼러 갔다가 혹 하나 더 얻어 붙인 꼴이 되었다.

자신에 대해 잘 알고 있다 싶었는데 생각하니 낯설기만 하다. 가슴속에 타는 불길 하나 있지만 겉은 평온을 가장한다. 앞도 아니고 뒤도 아닌 어중간한 가운데서 지금껏 남의 노력으로 살았다. 오죽하면 학교 다닐 때 번호도 항상 중간이었다. 또 그럴싸하게 양보니 배려니 들먹였다. 보통사람들 가슴에는 명예와 부와 학문이 들어있지만 그런 것에는 관심이 없었다. 그저 언제 올려져있었는지도 모를 어깨의 짐을 빨리 내려놓았으면 했다. 때로는 모든 것을 잊고 환락과 격정의 세상으로 빠져보고 싶었다. 인간이 어디까지 추락할 수 있는지 경험도 해보고. 하지만 그 또한 용기가 없다. 한 번뿐인 삶을 이렇게 흘려보내도 옳은가, 마음만 어지러울 뿐 정답은 어디에도 없었다. 옛 성현들이 이렇게 살아라, 저렇게 해라 좋은 말씀을 남겼지만 그 어느 하나도 실천이 어렵다.

우리는 다양한 개성을 지닌 많은 사람과 함께 살아간다. 부족하면 채우려고 뛰어다니고 넘쳐나도 더 가지려고만 한다. 나 역시 다를 바 없다. 돈, 명예 다 가졌는데 자식까지 훌륭하게 키운 이웃을 보면 부러움이 넘쳐 질투를 한다. 왜 나에게는 주시지 않느냐고 하늘에다 종주먹을 들이댄다. 가슴이 기억하는 서럽고 두려운 마음은 깊은 곳에 머물며 때때로 괴롭힌다. 어쩌면 들판에 홀로 서 있는 나무인지 모르겠다. 나무는 꽃을 버려야 열매를 맺는데 한사코 쥐고 털어내길 거부한다. 시들은 꽃과 열매를 욕심껏 매단 나무는 편히 쉴 수가 없다. 가까이서 보면 비바람에 부러진 가지 사이에 썩은 잎과 벌레들만 가득하다.

누군가 무심히 한 말에 상처를 받아도 대응을 못한다. 귀는 얇아서 사기꾼들의 맛있는 먹잇감이 되었다. 다 주고 늘 뒤통수를 맞는다. 내일 떠날지도 모르면서 오늘 맺은 인연들 걱정으로 잠을 설친다. 여전히 이것을 걱정하고 저것을 염려한다. 부질없다는 것을 알면서도 생각의 사슬을 끊기가 쉽지 않다.

돌아보니 무엇을 얻고 잃었는지 모르겠다. 동물은 순간을 산다는데 인간만이 과거와 미래에 집착한다. 생은 시고 떫지만 가끔은 달콤하다는 것을 부인할 수가 없다.

여승께서 주신 숙제 아주 모르지 않는다. 걱정이 집착으로 변한 속내를 들여다보라는 것 같은데, 알아도 실천이 어렵다. 염치없지만 나를 위한 변명 하나는 하고 싶다. 빈손으로 시작한 인생길 큰 과오 없이 여기까지 왔다고.

이제 기다리는 것은 한 가지뿐, 그리스인 조르바가 느꼈을, 대 자유의 기쁨이 어떤 것인지 찾고 싶다. (2015년)

행건 친다

시어머니는 일찍이 혼자되어 자식 여덟을 키웠다. 가지 많은 나무 바람 잘날 없다고, 편할 날이 없었다. 더러는 엉뚱한 짓을 하고 다녀 속을 썩이거나 돈을 규모 없이 쓰는 자식들이 있었다. 그럴 때는 "아이고 남의 다리 행건만 치고 다니네."라며 속상해 하셨다. 어려운 형편에 그나마 유일하게 기대를 한 아들이 남편이었다. 하지만 그도 겉모양은 단단해 보이는데 속은 물렀다. 자신이 돌봐야할 자식과 형제들이 제비새끼들처럼 매달려있는데 밖의 누군가에게 마음을 주며 돈과 시간을 쓰고 다녔다. 본인이야 그럴만한 이유가 있었겠지만 어머니가 보기에는 걱정이 많았다.

일찍이 부친을 잃어서 그런지 그는 사람을 많이 얻겠다는 마음이 있었다. 모임에 나가면 식사비는 도맡아 먼저내고, 모두가 피하는 단체장을 무겁게 짊어지고 바쁘게 뛰어다녔다. 믿었던 사람에게 사기도 많이 당했다. 지인들의 전시회 초청장을 받으면 무언가를 사주어야지 빈손으로 나오지 못한다. 그렇게 모은 그림이나 도자기가 방 하나에 가득하다.

그럴 때 어머님은 어김없이 휘파람 같은 한숨을 섞어 푸념을 하셨다. "오늘도 남의다리에 행건만 치다 왔구나." 행건이란 옛날 사람들이 머리에 쓰는 모자, 행건(行巾)인 줄 알았는데 그것이 아니었다. 한문사전에는 행전(行纏)이라고 표기 되었는데 행전은 바지나 고의자락을 펄럭이지 않게 묶는 천 조각을 말한다. 행건이라는 말은 경상도 산청지방의 방언이었다. 행전을 단단히 묶어야 하는데 남의 다리에만 묶어주고, 자신의 가랑이는 펄럭거리며 얻는 것 없이 돌아다닌다는 뜻이었다.

인간의 마음은 고정되지 않고 바람 따라 계절 따라 변한다. 그가 좋은 사람을 많이 얻었는지는 아직도 잘 모르겠다.

자식걱정으로 하루도 편치 않던 어머니도 떠나고, 부부도 노인이 되었다. 남편과 나는 가끔 '행건 친다'는 말을 무슨 유훈처럼 기억한다. 그 말속에는 자식걱정으로 노심초사하던 마음이 담겨있었다. "아이고 오늘도 남의 다리에 행건만 치다 왔구나." 어머님의 목소리가 아련한 향기처럼 그립다.

(2016년)

그것을 몰랐으니

이웃들이여, 한세상 다 살았는데 억울한 이 감정은 뭔지 모르겠소. 신문이며 청문회를 보다보면 '나 참 바보처럼 살았군요.' 하는 김도향씨의 노래가 저절로 흥얼거려진다오.

국정을 사사화(私事化) 한 죄로 여자 대통령이 쫓겨났소. 언론에서는 온갖 비밀스러운 것들을 들추어내었소.

'누가 누구의 애인이고 딸이라네, 성형을 했네, 보톡스를 맞았네.'

주사자국을 보라며 화면을 클로즈업 시켰소. 심지어는 외국 나갈 때 변기를 직접 들고 다닌다고 조롱했소. 요즈음은 나물장사아주머니도, 노인들도 마늘주사며 비타민주사를 맞고 성형도 한다오. 그것이 중요한 것이 아닐 텐데, 핵심을 비켜간 방송을 보고 있으면, 그들은 한 점 부끄럼이 없게 살았는지 확대경을 들이대고 싶어진다오.

근대에 들어와 처음으로 탄생한 여자 대통령이기에 기대가 남달랐소. 남자들이 모르는 작은 부분까지 잘 챙길 거라 믿었소. 탄핵의 죄를 열거 하자면 많겠지만 내가 생각한 죄는 소통의 부재였소. 왜였는지 알 수 없지만 간신을 곁에 두고 그들끼리만 내통했소. 세월호 사건이 났을 때 기대에 못 미치는 대응에 실망하고 말았소. 전쟁이 난 것보다 더 빠르게 달려갔어야 했소. 물속에 잠긴 하나하나의 아이를 생각하며 엄마의 마음으로 최선을 다 했어야 했소. 자식을 잃은 부모를 위로하고 같이 울고 아파했다면, 그랬다면 모두 돌아서지는 않았을 거요.

새 대통령이 선출되고 요즈음은 나라 위해 일할 고위 공직자들을 뽑기 위해 청문회가 계속되고 있소. 그런데 놀라운 일이 연일 보도되네요. 총리부터 외교부장관, 심지어는 공정위 후보마저도 공정과는 거리가 멀다오. 법무부 장관 후보는 밥 먹듯 법을 위반했네요. 하나같이 부동산 투기며 병역면탈, 탈세, 위장전입, 논문 표절에 부인들의 비리까지 고루 분포되어 놀람을 넘어 경이롭기까지 하다오.

밤마다 흔들리는 광화문의 수많은 촛불을 보며 참여 못하는 마음이 편치 않았소. 단상에 올라 목이 쉬어라 외치는 민중의 대표는 약자의 편이기에 한 점 부끄럼도 없을 거라 믿었소. 오로지 바른 나라를 만들려고 저리 열심일거라 여겼소. 그런데 알고 보니 그중에 일부도 5대 비리를 빠짐없이 저질렀소. 뒤로는 다운계약서를 쓰고, 아들은 군대에 보내지 않고, 미국에 보내고, 위장전입으로 재산을 불렸소. 얼굴은 소탈해 보이고 더러는 잘생기기도 했는데, 머리와 발은 누구보다 빠르고 계산적이었소.

내 이야기를 좀 하면 50년 결혼생활에 떠돌며 산 시절이 20년, 아파트 한 채를 분양받아 이사 와서 붙박이로 살고 있는 것이 30년째요. 그때 당시 가장 싼 곳을 찾다보니 서울의 끝자락이었소. 누구는 미국국적을 가졌는데도 무엇이 부족한지 한국의 명문학교로 위장전입 했다하네요. 나는 지방에서 올라와 살기 바빠서 어느 동네가 명문인지도 몰랐소. 배정 받은 학교에 다니는 것이 최선이고 당연하다고 여겼소. 남편은 외화를 벌어들이지는 못할망정 무작정 쓰고 다니는 것은 망국의 죄라며 수시로 일갈했소. 그래서 아이들에게 외국의 공기와 느낌을 알게 해주지 못했소. 생각하면 큰 재목으로 못자란 것이 부모의 무능 때문인 것 같소. 위장전입만 좀하면 강남학생이 될 수 있었는데 그것을 몰랐다오. 또 세금을 어떻게 하면 덜 낼 수 있는지는 아직도 알 수 없소. 과태료가 아까워 일찍 내보긴 했어도 늦게 낸 적은 없소. 세상 돌아가는 것을 몰랐으니, 너의 무능이라 한다면 할 말은 없소. 하지만 대다수의 서민들은 정직하게 벌어 허리를 졸라매며 그렇게 살고 있소. 높으신 분들의 자제는 하나같이 어깨 탈골도 잘되고 허리며 무릎인대도 잘나가는데 우리

아들은 그 당시 체중 51kg인데도 최전방으로 배정 받았소.

교육 목적으로 한 위장전입은 죄가 되지 않는다 말하는 나리님도 있더군요. 어이없고 허탈하지만 민초는 항의할 방법을 모른다오. 푸른 지붕 아래를 당당하게 드나드는 그들을 보며 뒤늦게 한수 배운다오. 아! 저렇게 살아야 하는 것을, 논문을 표절하고 그래서 박사를 받고 교수자리를 꿰어 차야했소. 그것을 몰랐으니 대를 이어 이름 없는 풀포기인생이라오.

후보님들이 더러는 통과되고, 더러는 망신만 당하고 탈락했소. 세상은 분명 바뀌었는데 무엇이 나아졌는지 아직은 모르겠소. 가수 김도향씨는 '나 참 바보처럼 살았군요.'를 몇 번이고 소리쳐서 불렀는데, 나는 외칠 용기도 없어 입 속으로만 흥얼거린다오.

(2017년)

마음의 넓이

부처님 오신 날 전야였다. 예전에는 큰절을 찾아가서 등을 달았지만 요즘은 집 가까운 곳으로 간다. 도시의 절은 겉으로 보면 빌딩 같지만, 안으로 들어가면 법당이며 거대한 불상이 자리한다. 입구에는 봉사자들이 향초며 등을 만들고 있다.

종무소로 가기 위해 엘리베이터를 탔다. 그 순간 양손에 음식을 무겁게 들은 보살 한 분이 오른다. 불전에 올릴 제물을 받쳐 들었다. 법당이 3층이니 본능적으로 3층을 눌러준 뒤 벽에 붙은 홍보물을 읽는데 갑자기 "뭐 하세요?" 하는 날카로운 소리가 들린다. 돌아보니 문이 도로 열려있다. "아차! 미안합니다." 하며 황급히 다시 닫았다. 회색의 법복을 입었고 무거운 그릇을 들었으니 절의 봉사자가 분명하다. 내릴 때도 나름 배려를 해주었는데 눈인사도 없이 횅하니 나간다. 삼배를 올리면서 보니 그녀는 부처님 전에 지극정성 절을 한 후 까치발로 물러난다.

내려와서 종무소로 들어갔다. 먼저 와서 접수를 기다리고 있는 젊은 여자가 있고, 나와 내 뒤에 또 한 사람이 와있다. 직원인지는 알 수 없지만 오십대 아주머니 서너 명이 잡담을 하고 있다. 신도가 왔으면 좀 기다리라든지, 아니면 접수를 받아야 마땅한데 떡과 과일을 먹으며 이야기 중이다. 좀 전 법당에서 공양물을 올리던 보살도 함께 있다.

탁자 위 접시에는 수박과 떡이 가득하다. 맹세코 그 순간 배고프지는 않았다. 등을 접수하기 위해 기다리는 사람은 나를 포함해서 셋뿐이다. 수박 한 조각씩 나누어 준다 해도 죄 될 것은 없다. 아니면 인사와 미소만이라도 보여야한다. 언뜻 보아도 내가 연장자인데 눈앞에 아무도 없는 듯한 태도다. 분명 배고프지는 않는데 알 수 없는 허함이 스멀거리며 올라온다. 엘리베이터 안에서도 나를 배려해주었는데 고맙다는 말도 표정도 없었다.

전야에 있었던 일은 그것이 전부다. 하지만 정작 석탄절 행사에는 참석하지 않았다. 살아오며 서운한 일을 헤아릴 수 없이 겪어도 매사 그러려니 했다. 하지만 그곳은 자비와 나눔을 실천하는 장소다. 새삼 종교란 무엇일까를 생각한다. 믿는 사람이 늘어나는 만큼 세상이 풍요로워야 마땅한데 현실은 그렇지 않다. 인심은 갈수록 각박하고 본받을 만한 사람도 찾기 어렵다.

의식을 행하는 전당조차 떡 한 조각은 물론 배려 한 조각도 나눌 마음이 없다. 너나없이 마음의 문을 닫고 있다. 내 젊은 날에는 어떤 장소든지 어르신을 우선으로 대접해 드렸다. 이제 장유유서의 존경도 사라졌다. 단지 예외는 있다. 친하거나 아는 사람에게는 넘칠 만큼 친절하고 푸근한 것이 우리의 문화이기도 하다.

더 늦기 전에 새벽기도를 한번 해보고 싶었다. 벼르기만 하다가 마침내 용기를 냈는데 새벽 3시부터 시작하기에 힘든 정도가 아니라 고행이었다. 가끔 빠지기는 했지만 마지막이라 생각하고 나름 열심히 다녔다. 놀랐던 것은 그 새벽에 어디서 오는지 넓은 법당은 늘 꽉 찼다. 조금만 늦게 가도 자리가 없고 방석도 남은 것이 없었다. 큰 기둥 뒤가 비어있어 그곳이 내 차지가 되었다. 처음에는 부처님 형상이 보이지 않아 서운했는데 시간이 흐르며 편안해졌다. 우주에 가득한 것이 불법이라는데 어디면 어떠랴 하는 마음이다. 그 새벽 자녀의 이름과 사진을 끌어안고 지극정성 기도하는 이 땅의 수많은 엄마들을 보았다. 특이한 것은 시부모님이나 남편의 사진을 안고 기도하는 사람은 없다는 거였다. 간절하게 머리를 조아리는 이유는, 오로지 자녀의 출세, 결혼, 아니면 대학합격이었다.

사실 나도 자식들의 바른길을 열어 달라 기도할 작정이었다. 하지만 기둥 뒤에만 있다 보니 생각이 바뀌었다. 거대한 삼존불은 사람이 만들어 놓은 형상일 뿐이다. 다만 정신이 이어져올 뿐, 그곳에 신령한 기운이 있다면 그것은 무당들이 업고 있는 귀신과 무엇이 다르랴. 옛 선사들은 부처가 무엇이냐 물었을 때, 조주선사는 뜰 앞의 잣나무라고 했고, 운문스님은 마른 똥 막대기라 했다. 심지어는 목불을 도끼로 부수어 태워버리는 스님도 있었다. 그것은 그 목불 속에 부처가 있지 않다는 가르침이다. 해서 구태여 새벽에 갈 필요가 없겠다는 생각이 들었다. 꾀를 부린다고 할지 모르지만 결국 그 새벽기도를 마치지 못했다.

생각하면 예수님이나 부처님은 복을 주겠다고 한 적이 없다. 나누고 비워서 착하게 살다보면 스스로 복이 찾아온다고 했지, 전당에 엎드려 빈다고 복을 뿌려주는 것은 아니다. 하지만 하나같이 달라고 요구한다. 옆 사람에게는 마음 한 자락도 나누지 않으면서 더 많은 복을 주십사고 떼만 쓴다. 성철 스님께서는 구걸형태의 기도를 가장 경계해야한다고 가르쳤다. 비우라고 했지, 더 달라고 조르는 것은 도둑이 하는 짓거리와 다를 바 없다고 일갈하셨다.

자식을 죽이고도 예수님 형상 앞에서는 뻔뻔하게 두 손을 모았을 목사가 있었다. 낮에는 점잖은 승려이다가 밤에는 가발을 쓰고 유흥업소를 찾고, 도박을 일삼는 스님도 보았다. 그런 행태들을 볼 때마다 더더욱 교회나 절에 신령한 무엇이 있지 않다는 것을 절감한다. 다만 마음을 가지런히 하는 데는 전당이 필요하다.

나도 한때 한 달에 한번 불전의 유기그릇을 닦는 봉사를 한 적이 있다. 십여 년 제기를 닦으며 그것도 감투라고 누군가를 홀대하는 마음은 없었는지 돌아본다. 그날 만난 그녀도 분명 봉사하며 사는 좋은 사람일 것이다. 단지 낯선 사람에게 나누어줄 마음의 공간이 없었을 뿐이다. 좋은 일도 나쁜 상황도 흘러 보내라는 말을 잊지 않으면서도 가끔은 앙금처럼 오래 머무는 '그 마음'이 무언지 모르겠다. 누가 어떤 모습을 하고 살아가든 차별하지 않고, 생명에 대한 경외와 측은지심을 잊지 않는 것, 그곳에 신이 머무르지 않을까.

(2014년)

작 별

지난했던 해가 가나 싶었는데 돌고 돌아 또다시 봄이 왔다. 하지만 봄이 오면 꽃피고 그 속에서 설레던 시간은 내게서 사라졌다. 요즘은 오고 가는 날들에 원망을 담는다. 무심한 듯 가는 시간 속에 생명들은 태어나 꽃피우고 때가 되면 사라진다.

50년 함께한 내 짝도 흐르는 시간을 이겨내지 못했다. 태어날 때는 한바탕 울음이라도 크게 울었을 텐데 갈 때는 간다는 눈짓 한 번 건네지 않았다.

그가 떠나던 날은 여느 저녁과 다름없었다. 여름비가 추적거리며 쉼 없이 내리고 있었다. 나란히 앉아 이런저런 이야기를 주고받고, 커피와 과일을 먹는 중이었다. 무언가 이상해서 돌아보니 들이쉰 숨을 뱉어내지 못한다. 급히 119를 부르고 병원으로 갔지만 모든 것이 늦었다. 의사는 뇌도 혈관도 막힌 데가 없다고 했고, 이유는 모르지만 스스로 심장이 멈추었다고 한다. 모두들 각각의 사연을 안고 살다 떠난다는 것을 알면서도 내게 일어난 일이 믿기지 않는다.

그는 매사에 세밀하고 염려가 많아서 평생 걱정과 근심을 옷인 듯 걸치고 살았다. 자신을 위한 시간보다 주변을 돌아보고 챙기느라 바빴다. 가난한 집안에서 태어나 비빌 언덕이 없었기에 많은 사람을 알고자 노력했다. 환자와 종친과 가족과 친지들의 삶에 깊게 관여하기를 좋아했다. 여러 계층의 사람을 만나다 보면 더러는 배신과 사기를 당해도 다시 찾아오면 밥을 먹이고 차비라도 쥐어 주었다.

진실한 마음 주고받을 사람, 한둘이면 되는데 왜 관계를 복잡하게 맺느냐는 말을 원망처럼 했다. 그러니 칭찬은 아끼고 잔소리를 더 많이 했나 싶다. 따라서 내 삶도 조용할 날이 없었다. 무슨 일이든지 크게 벌려 뒷감당을 하느라 뛰어다녔다. 연말까지 모든 것을 정리하고 여행도 다니며 여유롭게 살자는 말을 그즈음 자주 했다.

우매하게도 시간은 충분히 남은 줄 알았다. 평생 너 거기 있고 나 여기 있으면서 주어진 역할만 했다. 더러는 다투고 화해하며 사느라 깊은 곳에 숨겨둔 말을 해본 적이 없다. 언젠가 작별의 그때가 오면 아껴둔 말을 꼭 하려고 했다. 보잘것없는 내 글을 칭찬해주고, 무엇을 해도 잘했다고 하던 사람이다. 더러는 엉뚱한 소비를 하고 부동산을 잘못 사서 큰 손해를 입어도 군말이 없었다. 친구와 밥한 끼 먹고 헤어질 때도 아쉬워서 잡은 손을 놓지 못하는데, 평생을 함께하고 마지막 인사도 없이 가다니. 왜 작별의 짧은 순간도 허락되지 않았는지 모르겠다. 무언가 크게 서운하여 뒤도 돌아보지 않고 떠나버린 것 같다.

한생이 짧은 하룻밤의 꿈같이 지났다. 한 편의 영화가 끝난 화면처럼 텅 비었다. 암흑과 불면의 연속이다. 꽃도, 달도, 별도 사라졌다. 안개에 가려진 시간들이 의미 없이 흘러간다. 저녁이면 그가 문을 열고 들어올 것 같아 수시로 현관을 바라본다.

사람을 좋아했지만 기억하고 아쉬워할 누가 남았는지도 알 수 없다. 법정스님께서는 주어진 운명에 저항하지 말고 받아들이라 했는데 무엇에게인가 원망을 하고 싶다. 그것이 우매한 나인지, 흐르는 세월인지, 그 또한 구분을 못하겠다.

전하지 못한 작별인사를 써두고 수시로 바라본다.

'내게는 큰 산 같은 당신, 덕분에 인정받고 대접받으며 한세상 따뜻했습니다. 고맙고 감사합니다. 이제 근심 걱정 모두 내려놓고 천만 개의 바람과 합류하여 훨훨 날아다니소서.'

사람의 길

인간이 태어나 삶의 길을 가는 것은 신비한 일입니다. 70억 인구 중에 내 곁 가까이에 머무르는 인연은 그래서 더 소중합니다. 많은 사람을 만나고 또 멀어져 갔습니다. 처음 만났을 때는 분명 긍정적인 이미지였는데 시간이 지나며 달라 보이는 사람도 있었습니다. 작은 일에 예민하게 반응하고 자신의 의견이 관철되지 않을 때 화부터 냅니다.

자랄 때는 부모님의 지극한 보살핌이 있지만 결국 자신의 이념과 심성에 따라 행, 불행이 결정되는 것 같습니다. 대단한 인맥과 가문을 가졌다 해도 그 생각이 일관적이지 않고 성실하지 못하면 나락으로 떨어집니다. 회자되고 있는 재벌 3세들의 막가파 행동이며 노름, 마약, 사건만 보아도 답은 알 수 있습니다.

제가 송암 이범찬 선생님을 처음 뵌 것은 소소리, 글공부 모임에서였습니다. 물론 인품과 덕망에 대해서는 익히 듣고 있었습니다. 직접 뵙게 된 것은 사월애 회원으로 가입한 후부터입니다. 선생님은 처음 뵐 때나 지금이나 한결같습니다. 늘 잔잔한 미소를 머금고, 꼭 하실 말씀만 하십니다. 사람은 사계절을 격어 보아야 참 모습을 안다고 하지만, 사실 평생 같이한 가족도 내면을 다 알 수는 없습니다. 내가 본 선생님은 외유내강 스타일입니다. 대표작 「원숭이 목각」의 내용처럼 안 듣기, 안 보기, 말 안 하기가 깊은 내면에 깔려있습니다. 한국여인의 귀머거리 3년, 벙어리 3년, 소경 3년의 인내심입니다. 그런 마음으로 참고 성실하셨으니 존경받는 것은 당연합니다.

선생님의 문학을 향한 열정은 무한합니다. 미수의 연세에 어찌 그리도 다작을 하시는지 쉼 없이 쓰시고 책을 묶습니다. 수필, 기행문, 시조, 어느 것 하나 처짐이 없는 빼어난 문장들입니다. 수필 「늙마의 외도」 내용처럼 늦게 시작한 만큼 치열합니다. 한번 여쭈어보았더니 마음이 바쁘다고 하셨습니다. 저도 마음은 쫓기는데 글은 잘 써지지 않습니다.

누구의 글이 어떠하다는 표현은 자제하십니다. 한결같은 겸손함으로 써온 작품을 읽고 우리의 합평을 받아들입니다. 가끔 껄

껄껄, 소리 내어 웃으실 때가 있습니다. 그러면 세월의 흔적을 비껴간 한 소년이 귀엽게 고개를 내밉니다. 그럴 때 내 마음은 더없이 편안해집니다.

그 관계가 꼭 필요하기 때문에 운명이 찾아와 함께한다는 말을 좋아합니다. 내 무슨 복 하나있어 존경하는 송암 선생님과 마주 앉아 공부할 수 있는지 감사할 뿐입니다. 가족과 사회와 친구에게서 사랑받으며 산다는 것은 쉬운 일이 아닙니다. 매 순간순간 바른 선택의 결과물이 모인 것입니다.

요즘 들어 사람의 길이란 무엇일까를 생각합니다. 저는 이번 생은 영 글렀습니다. 만약 다시 산다면 좀 더 잘할 수 있을 것 같은데, 하는 부질없는 상상을 합니다. 새삼 선생님이 이룬 가득 찬 생의 이력서를 존경하며 부러워합니다.

(2019년)

나의 글 스승님

- 윤오영의 수필세계

치옹((痴翁) 윤오영 선생은 1907년 서울에서 출생하셨고 양정고보를 나와 보성고등학교에서 20년간 교편을 잡았습니다. 문단에는 1959년에 나오셨고 65세가 되던 1972년부터 3년간 폭풍처럼 글을 쓰시다가 69세를 읽기로 작고했습니다. 선생이 남기신 책으로는 『고독의 반추』와 『수필문학입문』이라는 이론서입니다. 많은 책을 남기지 않았지만 그분의 글에는 한국적인 은근함과 삶의 체취가 서려있습니다. 그것은 서양의 수필과는 확연히 다른 한국인의 독특한 정서가 글 속에 녹아있기 때문입니다. 선생은 동양 수필의 어원을 고전에서 찾았고 그것을 쉽게 풀이해서 배우는 후학들에게 지침서로 남겼습니다. 그가 일생을 두고 강조한 것은 통속적인 잡문이 아닌 문학수필이었습니다. 수필이 지성을 기반으로 한 자유로운 마음의 산책이라 해도 그 속에는 하나의 문학작품으로서의 격을 갖추어야 한다고 강조합니다. 전체에서 시격의 운율과 흐름을 얻어야 하는데 이것이 동양적인 품격의 글로 보았습니다.

그것이 곶감론이고 깍두기론입니다. 곶감을 만들려면 먼저 감의 얇은 껍질을 벗겨야 합니다. 그리고는 볕이 좋고 바람 잘 통하는 그늘에 매달아 놓습니다. 그 다음은 시득시득 말립니다. 이 과정이 아주 중요합니다. 그래야 오래 보관하고 언제 꺼내 먹어도 달고 시원한 맛을 간직합니다. 좋은 글을 쓰기 위해서는 소재를 정하고 자신이 쓰고 싶은 마음을 따라 갑니다. 더러는 잠깐의 외유가 있지만 처음 쓰려고 했던 의도를 잊으면 길을 잃고 당황하게 됩니다. 저녁에 써놓은 글을 아침에 보면 참 어이없을 때가 있습니다. 왜 이렇게 썼나 싶고 내가 쓴 글이 맞나 싶습니다. 그렇게 가끔 들여다보며 무엇이 잘못 되었나 찾다 보면 어느 순간 글은 익어 있습니다. 그것이 혹은 둥글게 혹은 네모지게 만드는 마지막 과정입니다. 만일 이미 상해버렸으면 아무리 굴리고 돌려도 하얀 시설(柹雪)은 생기지 않습니다. 감동이 없는 밋밋한 글이 되고 만다는 뜻입니다.

글이란 세대를 초월하여 그 사람이 살던 시대의 아픔과 처한 현실을 감지할 수 있는 통로입니다. 그러기에 바른 세계관과 국가관이 있어야 합니다. 선생은 평소에 쌓인 학문의 깊이가 융화

되고 체질화되어 사물을 접할 때 자기만의 독특한 문장과 리듬이 생긴다고 말합니다. 수필은 전체의 흐름 속에 일관된 하나의 줄기를 따라가야 합니다. 그 속에 혹은 풍자도 있고 우화도 있지만 빠트릴 수 없는 것이 가슴 찡한 이야기와 때로는 유머도 필요합니다. 하나의 글 속에 너무 많은 것을 담으려 하다보면 처음에 쓰려고 했던 의도를 잃고 맙니다. 한결 같되 때로는 지축을 흔드는 장쾌한 바람소리, 가슴을 적시는 빗소리도 있어야 합니다. 글 속에 자랑이나 자만이 보이면 감흥이 줄어듭니다. 그 속에 겸손한 마음이 깔려있다면 분명 좋은 글을 쓸 수 있는 자질이 있습니다.

수필문학의 이론서는 이미 출간된 것만 해도 수십 종에 달합니다. 그렇지만 수필의 개념과 추구하는 독표가 치옹 선생의 글에서처럼 선명하고 명확하게 설명되어있는 것은 많지 않습니다. 그의 글을 읽다보면 반복적으로 나타나는 이름이 있습니다. 우리나라에서는 연암 박지원이고 중국에서는 김성탄과 장대입니다. 그는 특히 박지원의 산문을 몹시 아껴 글쓰기의 재료로 활용하였습니다. 연암이 말한 법고이지변(法古而知變) 창신이능전(創新而能典)은 그의 글쓰기의 바탕입니다. 옛것에서 배워 왔으되 시대에 맞게 변화시키고 없던 것을 만들었지만 능히 법도에 벗어남이 없다는 말입니다. 또 배울 것은 옛사람의 정신이지 말투

나 표현이 아니라고 했습니다. 껍데기는 버리고 알맹이만 가져와서 지금의 그릇에 담아야 한다. 수필이 가장 오래된 문학이면서 미래의 문학일 수 있는 이유가 여기에 있습니다.

그의 글은 고아하고 간결합니다. 함축적이고 군더더기가 없습니다. 글과 말은 끝났는데 마음속의 울림은 오래 남습니다. 마치 에밀레 종소리의 마지막 긴 여운같이 알 수 없는 파장이 가슴을 울리며 여울져 흐릅니다. 소재 또한 크고 웅장한 것에서 구한 것이 아닙니다. 한 조선여인의 작은 아이디어에서 탄생한 최초의 음식, 깍두기처럼 지극히 평범한 것입니다. 무를 네모지게 썰고 고춧가루를 버무려서 새로운 음식을 만들고 많은 사람이 즐겨 먹는 식탁의 감초가 되었습니다. 어떻게 버무리느냐에 따라서 평범한 소재도 좋은 글이 될 수 있다는 것을 말합니다. 교과서에 실린 선생의 작품 중에 「방망이 깍던 노인」과 「달밤」 그리고 「소녀」라는 작품이 있습니다. 하나같이 읽고 나면 서정이 물밀듯 밀려오는 좋은 작품입니다. 그것은 마치 빙산의 일각으로 드러나 있는 내용보다 깊은 바다 밑에 잠겨있는 산봉우리 같은 뜻을 어렴풋이 감지하기 때문입니다.

「달밤」은 짧은 글입니다. 어느 달 밝은 밤, 서울에서 이사 온 윗마을 김군을 만나러 갔다가 달빛 평상 아래 앉아있는 노인을 만나게 됩니다. 그리고 몇 마디의 말과 함께 막걸리 한 사발을 함께 마십니다. 그것이 전부입니다. 하지만 그 짧은 글속에는 삶의 한때를 깊게 받아들이는 울림이 있습니다. 처음 본 사람이지만 한잔 술을 같이 마시고 같은 것을 느끼며 보름달을 즐길 줄 아는 한국인의 심성이 녹아있습니다.

"푸른 하늘은 먼 마을에 덮여 있고 뜰은 달빛에 젖어있었다."는 글에서 작가가 무엇을 말하려는지 알게 됩니다. 「소녀」 같은 글도 사춘기의 소년소녀가 막 이성에 눈뜨는 마음을 은근하게 표현하여 그 시대의 젊은이들이 얼마나 순수했는가를 알고 우리가 그리워하게 됩니다.

선생의 글 중에서 제가 좋아하는 「염소」라는 작품이 있습니다. 저는 이 작품을 읽을 때마다 왜인지 가슴 한곳이 뻐근하게 아파오고 한참을 서성이게 됩니다. 그리고 살아생전 이런 글을 한번 써 보았으면 하는 염원을 아직도 버리지 못합니다.

염소의 내용을 요약하면 대강 이렇습니다.

어린 염소 세 마리가 달달거리며 주인을 따라갑니다. 주인은 느릿느릿 걷지만 염소는 다리가 짧아 바삐 걸어야 합니다. 두 마리는 긴 줄에 묶여 뒷짐 진 주인 손에 끌려가지만 한 마리는 목을 매지 않아도 떨어질세라 열심히 좇아갑니다. 마치 어린애가 엄마를 놓칠세라 부지런히 따라가듯 합니다. 주인은 기저귀처럼 차복차복 갠 염소 껍질 네 개를 묶어서 어깨에 메고 있습니다. 여기서 우리는 벌써 염소의 운명을 어렴풋이 감지합니다. 아침에는 분명 일곱 마리가 주인을 따라 나왔지만 벌써 네 마리가 솥에 들어가고 남아있는 염소는 팔릴 곳을 찾아 스스로 이곳저곳 걸어 다닙니다.

4연에는 이렇게 묘사되어 있습니다. 주인의 뒤를 따라 석양의 보도 위를 걸어가는 어린 염소의 검은 모습은 슬프다. 짧은 다리에 뒤뚝거리는 굽이 높아 전족한 청녀의 쫓기는 종종 걸음이다. 이상스럽게도 위로 들린 짧은 꼬리 밑에, 감추지 못한 연하고 검푸른 항문이 가엾다. 수염이라기에는 너무나 앙징한 턱밑의 귀여운 수염, 그리고 게다가 이따금씩 어린애 목소리로 우는 그 울음, 조물주는 동물을 점지할 때 이런 슬픈 유형도 만들어 놓았다.

이 글로 보아 글을 쓸 때 깊은 관찰을 하고 있습니다. 그리고 생명 있는 것들의 한계와 슬픔이 글 전반에 깔려 있습니다. 그래서 월터페이터(영국의 비평가1839~1894)를 불러내어 무한한 물상 가운데 네가 향수한 것이 어떻게 작고, 무한한 시간가운데 네게 허여된 시간이 어떻게 짧고, 운명 앞에 네 존재가 어떻게 미소한 것인가를 생각하라고 합니다.

마지막 연은 이렇게 묘사되어 있습니다. 세 마리의 염소는 오늘 저녁에 다 같이 돌아갔다가 내일 아침에 다시 나오게 될 것인가. 혹은 그중에 한 마리는 가다가 팔려서 껍질을 벗겨 솥 속으로 들어가고 두 마리만이 가게 될 것인가. 또는 어느 것이 팔리고 어느 것이 남아서 외롭게 황혼의 거리를 탈탈거리고 갈 것인가. 그것은 아무도 모른다. 인간의 잔인성을 고발하는 부분도 있지만, '염소를 끌고 가는 저 주인도 지금 자기가 걸어가는 그 길을 알고 있는 것인가'라고 표현하고 있습니다. 제가 가장 마음에 들어 하는 부분이 바로 이곳입니다. 그냥 염소 이야기만 하다가 끝났다면 이 글은 감동을 줄 수 없습니다. 염소의 운명과 사람의 운명이 긴 여운과 음영으로 다가옵니다. 팔린 자나 판 자, 먹은 자나 먹힌 자, 모두 그 끝에서 보면 큰 차이가 없습니다. 그렇게 한순간 존재한 것처럼 보이다가 사라집니다. 치옹 선생은 염소팔이 남자의 가난한 삶과 생명 가진 것들의 슬픔과 한을 염소의 모습을 통해 보았습니다.

더러는 선생의 글을 비평하는 사람들도 있지만 저에게는 부족한 것이 없는 귀중한 자료입니다. 직접 뵙지는 못했지만 그의 청빈하고 맑은 생활이 전편에서 눈에 보이는 듯합니다. 마치 마주하고 조근조근 일러주듯 알게 모르게 삶의 철학이 숨어있습니다. 앞으로 태어나 자랄 모든 이에게 문학의 향기를 알게 하고 생각하며 살 수 있는 길을 제시합니다.

수필은 밖에서 얻은 것을 안으로 삼키고 자기를 대상으로 토해놓는 외로운 독백입니다. 그 외로운 독백이 넋두리나 영탄으로 흐르지 않고 마치 한옥집 방문의 하얀 창호지 같이 은은히 비출 때 쓰는 이나 읽는 이 모두 사유의 세계에 머물 수 있습니다. 그 아득하고 높은 정신을 배우고 싶습니다. 윤오영 선생의 수필은 한국문학수필이 낳은 큰 봉우리가 분명합니다. (2012년)